왕이 되지 못한

비운의 왕세자들

왕이 되지 못한

비운의 왕세자들

조선 왕세자들의   눈물을 훔쳐보다

홍미숙 지음

글로세움

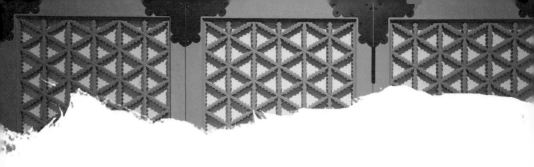

목차

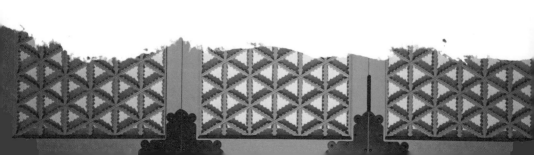

 2장 **요절한 왕세자를 만나다**

 5장 단명한 왕세손

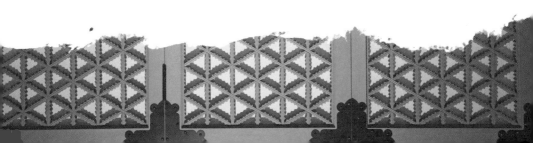

"왕위 서열 1위가
물거품이 되어버리다니…"

"끝내는 만고에 없던 사변에 이르고, 백발이 성성한 아비로 하여금 만
고에 없던 짓을 저지르게 하였단 말인가? (중략) 진실로 아무 일이 없기
를 바랐으나 9일째 이르러 네가 죽었다는 비보를 들었노라. 너는 무슨
마음으로 칠십의 아비로 하여금 이런 경우를 당하게 하는고."

영조(1694~1776)는 아들 사도세자(1735~1762)가 뒤주 속에서 8일 만
에 굶어 죽자 청화백자에 다섯 장이나 되는 글을 직접 써서 묘에 함께
넣었다고 한다. 1762년(영조 38년) 영조는 뒤주 왕자로도 잘 알려져 있

는 사도세자의 묘지명墓誌銘에 자신의 마음을 애틋하게 표현해 놓았다. 어쩌면 영조의 변명일 수도 있고, 뒤주 속에서 굶어 죽게 내버려 둔 아들에 대한 아버지의 반성문일 수도 있다.

조선왕조의 수많은 이야기 중 왕이 되지 못하고 죽은 왕세자의 이야기가 가장 슬프다. 왕이 세상을 뜨면 무탈하게 왕이 될 수 있는 서열 1위는 바로 왕세자다. 이들은 왕의 자리를 일찍부터 정해놓은 것이나 다름없다. 그런데 문제는 선왕이 죽기 전에 먼저 세상을 떠나거나 폐위가 되면 모든 게 수포로 돌아가고 만다.

안타깝게도 조선의 왕세자들 중 상당수가 왕이 되지 못하고 세상을 떠났다. 폐세자가 5명, 요절한 왕세자가 6명, 황태자가 1명으로 모두 12명이나 된다. 그리고 2명의 왕세손이 조기 사망하여 왕이 되지 못했다. 폐세자 중 사도세자만이 죽은 뒤 유일하게 복위되었다. 사도세자는 아버지 영조에 의해 뒤주에 들어가기 전 서인으로 폐위되었다가 죽은 뒤 뒤주 밖으로 나와 왕세자로 복위되었다.

이 책은 왕세자로 책봉되었음에도 왕이 되지 못하고 죽은 12명 왕세자들의 슬픈 이야기를 주로 다루었다. 또 왕세손으로 책봉되었지만 너무나 일찍 세상을 뜬 영조의 장손 의소세손과 일제강점기에 일본에서 태어난 고종의 손자 이진의 이야기도 담았다. 그들은 태어난 지 일년도 안 되어 조기 사망했거나 요절한 경우가 대부분이다. 그 외에 강도 높은 왕세자 수업을 십 년 이상 받고도 끝내 왕이 되지 못한 왕세자들도 많았다. 왕세자들에게는 왕의 임기가 정해져 있지 않고 죽을 때까지 자리를 내놓지 않았으니 이 또한 문제가 되었다. 선왕이 장수할 경우 왕세자가 무사히 왕위를 이어받기가 어려웠던 것이다. 인조의 아들 소현세자와 영조의 아들 사도세자의 경우만 보아도 알 수 있다.

왕이 되지 못하고 죽은 왕세자와 왕세손을 조사·정리한 뒤 다시 그들을 찾아가 만났다. 그동안 왕릉 답사를 하면서 그들을 함께 만나보았지만 이번엔 그들만 따로 찾아갔다.

가장 먼저 찾아간 왕세자는 조선이 개국하자마자 왕세자로 책봉된 방석(의안대군)이다. 그가 누구인가? 그는 조선을 건국한 태조의 8남으로 태조가 눈에 넣어도 아프지 않을 만큼 사랑한 계비 신덕왕후 강씨와의 사이에서 태어난 왕세자다.

방석은 조선 최초로 왕세자가 되었지만 최초로 폐세자가 되고 말았다. 그는 살해되어 남한산성 자락에 두 번째 부인 심씨와 쌍분으로 좌우가 아닌 앞뒤로 나란히 잠들어 있었다. 아주 외딴 곳에 조선 최초의 왕세자이자 최초의 폐세자가 되어 꼭꼭 숨은 것이다.

바짝 긴장하고 경사가 심한 돌계단을 한참이나 올라 그의 무덤 앞에 다시 섰다. 그의 무덤에 할미꽃이 흐드러지게 피어 있어서인지 긴장감이 약간은 풀렸다. 할미꽃이 많이도 낯설게 느껴졌다. 17세의 나이에 생을 마감한 방석과 할미꽃이 왠지 어울려 보이지 않았기 때문이다. 아직 봄은 멀기만 한데 그의 묘역에는 할미꽃 뿐 아니라 양지꽃도 지천으로 피어 있었다. 그의 아버지 태조가 살아있을 때 묘역을 조성하여 그나마 양지바른 곳에 잠들게 되었을 것이다. 그래도 방석이 폐세자 되어 살해될 때까지 흘렸을 눈물을 생각하니 마음이 아팠다.

방석의 묘를 찾은 날 그의 친형 방번(무안대군) 묘도 찾았다. 방번 역시 이복형 방원에 의해 살해되었다. 그가 계비의 장남으로 태어난 게 죽임을 당해야 하는 이유였고, 동생이 왕세자로 책봉된 것 또한 그 이유가 되었을 것이다. 방번의 묘는 서울 수서동 광평대군 묘역에 자리해 있다. 세종의 5남 광평대군이 방번의 후사를 이었기 때문에 광평대군과 같은 묘역에 잠들어 있다. 방번의 묘는 초라하기 짝이 없다.

그 후 시간이 나면 요절한 왕세자와 왕세손들을 만나러 갔다. 세상에 태어나 8개월 남짓 살다간 고종의 손자 이진의 숭인원, 영조의 장손 의소세손의 의령원을 비롯하여 왕세자의 몸으로 죽었지만 왕으로 추존되어 왕릉에 잠들게 된 의경세자(추존왕 덕종), 효장세자(추존왕 진종), 효명세자(추존왕 문조)의 무덤을 차례차례 찾아가 그들과 가슴 아픈 이야기를 나누었다. 그 외 왕위에 오를 아들을 남겨놓지 못했거나 아들이 있었지만 왕위를 물려받지 못해 왕으로 추존되지 못한 순회세자, 소현세자, 문효세자를 찾아가 그들이 남긴 슬픈 사연을 함께 나누었다.

다음으로는 누구보다 억울하고 분했을 왕세자들을 만났다. 자신의 비행으로 폐세자가 된 경우는 크게 억울하고 분할 일이 아니다. 그러나 부모의 비행으로 완전히 폐세자가 된 경우는 그야말로 땅을 치고 통곡할 일이다. 그들이 흘렸을 눈물을 생각해보면 너무나 가슴 아프다. 끝내 복위되지 못한 채 잠들어 있는 폐세자들이 4명이나 된다.

그들 중 태종의 장남으로 태어나 왕세자로 책봉되어 14년 동안이나 강도 높은 왕세자 공부를 한 양녕대군의 묘를 찾아갔다. 양녕대군은 자신의 비행으로 왕위에 오르지 못하고 동생 충녕대군(세종)에게 왕세자 자리를 빼앗기고 말았다. 마침 한식날 찾아가게 되어 양녕대군 묘역에는 하얀 차양이 처있고, 하얀 두루마기를 입은 사람들이 모여 있었다. 내가 마치 조선시대에 들어와 있는 착각마저 들게 했다. 보슬비까지 내려 쓸쓸함이 더했다.

그리고 아버지가 비행으로 폐왕이 되는 바람에 함께 폐위되어 폐세자가 된 두 명의 왕세자가 있는데 그들의 묘는 남아있지 않아 찾아갈 수 없었다. 그들이 바로 폭군 중의 폭군으로 폐왕이 된 연산군의 아들 이황과 또 한 명의 폐왕 광해군의 아들 이지다. 그들은 각각 왕의 장남으로 태어나 당당히 왕세자로 책봉되었지만 묘조차 남아있지 않다.

그래도 폐세자들 중에는 양녕대군의 묘가 가장 잘 조성되어 있다. 그는 비록 똑똑한 동생 세종으로 인해 왕세자 자리는 빼앗겼지만 훌륭한 동생을 둔 덕분에 끝까지 목숨을 보존하고 대접받았으며 세종보다 훨씬 더 오래 살다가 세상을 떠났다. 5명의 폐세자들 중 유일하게 양녕대군만 살해되지 않았다.

폐세자가 되었던 5명의 왕세자들 중 사도세자만이 죽어서나마 복위되어 존호를 받게 되었다. 아들 정조가 아닌 후손 고종이 그를 장조로 추존했다. 사도세자의 아들 정조가 효장세자의 양자가 되었기 때문에 정조는 재위 중 양부인 효장세자만 왕으로 추존할 수밖에 없었다. 사도세자는 폐세자가 된 왕세자들 중 정조 같은 아들을 두어 확실하게 명예회복을 했다.

42기의 조선왕릉 중 내가 가장 처음 찾아간 왕릉도 죽어서나마 왕과 왕비로 추존된 사도세자와 혜경궁 홍씨가 잠들어 있는 융릉이었다. 1969년 초등학교 4학년 때 처음 융릉을 찾아가게 되었다. 그 후에도 가장 많이 찾아간 조선왕릉이기도 하다. 고향집 대청마루에 놓여있던 뒤주만 보면 사도세자가 떠올라 무서운 생각이 들곤 했다.

뒤주 왕자! 사도세자와 그의 부인 혜경궁 홍씨가 합장되어 잠들어 있는 융릉과 효자 중의 효자 정조와 며느리 효의왕후 김씨가 합장되어 있는 건릉은 산책코스로도 으뜸이다. 융릉 자리가 명당 중의 명당으로 알려져서인지 관람객도 어느 왕릉보다 많다. 무엇보다 사도세자가 남기고 떠난 이야기가 많아 그의 무덤까지도 인기가 많은 모양이다.

사도세자의 융릉은 추존왕릉임에도 불구하고 조선왕릉 중 가장 아름답게 조성되었다. 능침이 정자각 뒤에 숨어있지 않기에 홍살문에서도 바라다보인다. 아들 정조는 컴컴한 뒤주 속에서 굶어 죽어간 아버지를 생각하며 무덤이나마 앞이 훤히 보이게 조성했다. 한편에서는 풍수적으로 정자각을 비켜 능침을 조성했다고 하지만 오른쪽에 자리해야 할 수복방마저 왼쪽에 수라간과 나란히 조성한 걸 보면 전자의 말이 맞는 듯하다.

누구든 사도세자가 잠들어 있는 융릉을 찾아가면 아들 정조의 효심에 눈물을 글썽이게 된다. 사도세자는 열 아들 부럽지 않은 정조를 둔 것이 큰 행운이었던 것이다. 그가 오르지 못한 왕좌에 아들 정조가 오르면서 조선이 문을 닫을 때까지 그의 후손들이 계속 왕위를 이어갔다. 그는 뒤주 속에서 비참히 굶어 죽어갔지만 무덤 속에서나마 기쁨의 눈물을 흘렸을지도 모를 일이다.

마지막으로 오랫동안 회한의 눈물을 흘리다 세상을 떠났을 의민황태자(영친왕)의 영원을 찾아갔다. 영원은 홍·유릉 능역에 자리하고 있다. 홍릉은 그의 아버지 고종과 큰어머니 명성황후 민씨가 합장되어 있고, 유릉은 그의 이복형 순종과 형수 순명황후 민씨, 순정황후 윤씨가 합장되어 있다.

의민황태자는 조선의 마지막 왕 순종의 이복동생으로 1897년 10월 고종에 의해 조선이 대한제국으로 선포된 후 황태자로 책봉되었다. 그는 최초의 황태자이자 마지막 황태자이기도 하다.

그는 20세나 많은 고종의 5남인 의친왕이 있었지만 7남인 그가 황태자로 책봉되었다. 아마 고종이 그의 생모 순헌황귀비 엄씨를 누구보다 사랑했기 때문이었을 것이다. 순헌황귀비 엄씨는 명성황후 민씨가 죽은 후 계비 역할을 했던 고종이 엄청 사랑했던 후궁이었다.

그러나 의민황태자는 조선의 왕에 이름을 올리지 못했다. 조선이 일본에 의해 문을 닫아걸었으니 황태자가 된 것만으로 만족해야만 했다. 그 역시 앞서 왕이 되지 못하고 세상을 떠난 왕세자들이나 왕세손 못지않은 비운의 황태자였다. 그가 비록 의식불명으로 중태에 빠진 채 돌아왔지만 고국에서 눈을 감고, 고국에서 잠든 것만도 천만다행이다.

조선에서 왕자로 태어난 그들은 과연 몇 명이나 행복을 느끼며 살다가 이 세상을 떠났을까? 왕세자나 왕세손으로 책봉되어 왕이 된 왕자들 역시 행복했을까?

조선왕조 27명의 왕들 중 14명만 왕을 낳았고, 13명은 왕을 낳지 못했다. 왕을 낳은 14명 중에서 5명은 2명의 아들을 왕위에 올려 19명만 왕의 아들이 왕위에 올랐다. 나머지 8명은 추존왕과 대원군의 아들들이다. 그러니 왕세자나 왕세손으로 책봉되지 않고, 왕이 된 경우가 많을 수밖에 없다.

왕뿐 아니라 왕비도 왕을 낳지 못한 경우가 훨씬 더 많다. 41명의 왕비 중 28명이 왕을 낳지 못했다. 13명만이 왕을 낳았고, 그들 중 2명의 왕비가 2명의 아들을 왕위에 올렸다. 그러니 12명의 왕이 실제 왕비의 소생이 아닌 셈이다. 왕비의 소생으로 왕위에 오른 15명의 왕들 중 적장자는 문종, 단종, 연산군, 인종, 현종, 숙종 등 6명밖에 없다. 생각보다 적자로 왕위에 오른 경우가 많지 않다.

이 책을 통해 여러분은 병으로건, 독살되어서건, 폐세자가 되어서건, 나라가 망해서건 왕위 서열 1위였음에도 왕이 되지 못하고 죽은 조선의 비운의 왕세자들과 왕세손들을 모두 만나게 될 것이다.

《왕이 되지 못한 비운의 왕세자들》이란 이 책은 조선역사 이야기를 테마별로 정리한 글들 중 《왕 곁에 잠들지 못한 왕의 여인들》, 《사도, 왕이 되고 싶었던 남자》, 《조선이 버린 왕비들》에 이어 네 번째로 독자와 만나게 되는 책인 셈이다.

항상 책을 출판하고 나면 부족함이 발견되어 두렵고 아쉽지만 또다시 용기를 내어 여러분을 만나기로 했다. 뒤주 속에서 비참하게 굶어 죽어간 사도세자뿐 아니라 이 책의 주인공 모두의 이야기가 가슴 아프고 많이 슬프다. 그들의 눈물을 나는 매우 조심스럽게 훔쳐보았고 정성을 다해 다시 정리했다.

이번에도 조선 역사에 관한 책을 먼저 출판해주신 많은 선생님들과 조선 역사를 문화콘텐츠로 삼아 영화나 드라마, 뮤지컬, 연극 등을 만들어주신 모든 분들께 진심으로 감사드린다. 그 분들이 계셨기에 내가 역사를 사랑하게 되었고, 글까지 쓸 수 있었기 때문이다.

끝으로 이 책은 2015년 영화 〈사도〉가 개봉하던 날 출판된 《사도,

왕이 되고 싶었던 남자》를 수정·보완하여 《왕이 되지 못한 비운의 왕세자들》로 다시 출판함을 밝힌다. 여러분의 양해 있으시길 바란다.

2019년 나무들이 아름다운 여름날

안양시립도서관에서

홍미숙 씀

조선왕조는 1392년 7월 17일 문을 열어 1910년 8월 29일 일본에 의해 강제 합병될 때까지 519년가량 나라를 통치했다. 그러는 동안 5명의 왕세자가 폐위되어 살해를 당하거나 억울한 삶을 살았다. 그중 사도세자만이 왕세자로 복위되어 죽어서나마 융숭한 대접을 받았다. 나머지 4명에게는 더 이상의 봄은 찾아오지 않았다. 1945년 8월 15일 일제강점기로부터 해방되었지만 조선왕조는 부활하지 못했기 때문이다. 새봄이 찾아온 경복궁 경회루의 풍경이다. 억울하기 짝이 없는 4명의 폐세자 이야기를 들어본다.

1장

폐세자의 삶이란
억울하기 짝이 없나니

조선 최초로
살해된 왕세자 되다

의안대군 이방석
(제1대 왕 태조의 아들)

태조의 8남으로
조선 최초 왕세자가 되다

의안대군(1382~1398) 방석은 건국시조 태조 이성계(1335~1408)와 계비 신덕왕후 강씨(1356~1396)와의 사이에서 차남으로 태어난 조선 최초의 왕세자다. 그는 1382년(고려, 우왕 8년) 태어나 1392년(태조 1년) 11세 때 왕세자로 책봉되었다.

방석은 동복형인 무안대군 방번(1381~1398)과 연년생으로 태어났다. 태조에게 방석은 8남으로 막내아들이다. 그런데 막내아들인 그가 왕세자로 책봉된 것이다. 이것이 그의 명을 재촉하게 될 줄이야.

그 당시 태조에게는 원비 신의왕후 한씨(1337~1391)가 낳은 장성한

● 경기도 고양시에는 고려 말기의 명장으로 끝까지 고려를 받들려다 뜻을 이루지 못하고 살해당한 충신 최영 장군의 묘소가 있다. 묘소 바로 뒤에는 '황금 보기를 돌같이 하라'는 유언을 남기고 세상을 떠난 그의 아버지 묘소가 있다.

아들이 6명이나 더 있었다. 그럼에도 불구하고 그 형들을 제치고 나이 어린 방석이 태조의 뒤를 이을 왕세자로 책봉된 것이다. 상황이 이러할진대 이미 장성한 이복형들이 가만히 있을 리 없었다.

그중에 아버지 태조를 따라 조선의 건국을 도왔던 정안대군 방원 (1367~1422)은 맏형 진안대군 방우(1354~1393)를 왕세자로 책봉해야 한다고 주장했다. 당시 원비의 소생으로 태조의 장남 방우가 39세였고, 방원은 26세였다. 그러나 태조는 단호하게 거절했다. 그리고는 계비의 소생으로 11세밖에 안 된 막내아들 방석을 왕세자의 자리에 앉혔다. 원비의 소생들은 어머니의 빈자리가 이렇게 클 줄 미처 생각지 못했다.

그 후 원비 소생들 중 5남 방원이 태조의 행동에 반기를 들기 시작했다. 사실 방원은 태조가 조선을 건국하기 위해 고려를 치는데 가장 큰 공을 세운 최고의 아들이었다.

방원은 27명의 조선왕들 중 유일하게 과거시험에 합격했다. 태조

● 경기도 용인에 있는 또 한 명 고려의 충신 정몽주의 묘소다. 정몽주는 조선 개국을 반대하다가 개성의 선죽교
에서 이방원이 보낸 자객 조영규에게 철퇴를 맞고 숨을 거두었다. 최영과 정몽주는 둘 다 고려를 지키려다 이방원
에게 목숨을 내놓아야만 했다.

의 다른 아들과 달리 방원은 문무를 겸비하고 있었던 것이다. 그는 위
화도에서 회군한 이성계에게 개경의 최영(1316~1388) 부대를 쳐야 한
다고 주장했으며, 개국의 반대 세력인 정몽주(1337~1392)를 살해하는가
하면, 고려의 마지막 왕인 공양왕(1389~1392)을 폐위시키기 위해 왕대
비 안씨를 강압하기도 했다. 그야말로 그는 아버지 이성계가 조선을 건
국할 수 있도록 온 힘을 다해 도운 아들이었다. 그런데 태조는 사랑하
는 계비 신덕왕후 강씨의 소생에게 왕세자 자리를 내주었던 것이다.

조선을 개국하면서 배극렴 등은 정안대군 방원의 왕세자 책봉을 주
장했다. 이때 태조의 원비 신의왕후 한씨는 이미 조선개국 1년 전에 죽
고 없었고, 계비 신덕왕후 강씨는 그녀의 장남인 무안대군 방번을 왕세
자로 세우려던 참이었다. 그러나 배극렴, 조준, 정도전 등 개국공신들
의 반대로 방번의 왕세자 책봉은 무산되었다. 하지만 방번의 동복동생
인 방석이 왕세자로 책봉되었다.

조선 건국 후 최초 왕자 살해사건이 일어나다

왕세자로 책봉된 방석은 개국공신들의 지원에 힘입어 왕세자로서의 자질을 익히고 있었다. 그런데 방석의 어머니 신덕왕후 강씨가 죽고, 아버지 태조마저 병석에 눕게 되자 그를 지지하던 배후 세력이 급속히 약화되었다.

그 틈을 타 원비의 소생들이 왕자의 난을 일으켰고, 이 난의 성공으로 방석의 이복형 방원이 왕세자 방석을 폐위시킨 다음 귀양을 보냈다가 방번과 함께 살해했다. 조선이 건국한 후 최초의 왕자 살해사건이 일어난 것이다. 이때 방번은 18세였고, 방석은 17세였다.

왕세자 방석은 후사 없이 살해되었고, 그의 후사를 훗날 조선의 제4대 왕 세종(1397~1450)의 6남 금성대군(1426~1457)이 잇게 된다. 그러나 금성대군은 제6대 왕 단종 복위사건에 연루되어 1457년(세조 3년) 수양대군(세조)에게 목숨을 잃게 되면서 방석의 후사가 끊어질 위기에 놓인다. 그러자 세종과 신빈 김씨(1406년~1464)와의 사이에서 태어난 밀성군(1430~1479)의 2남 춘성군이 방석의 후사를 이어가게 된다.

의안대군 방석은 1392년(태조 원년) 11세에 왕세자로 책봉되어 6년간 왕세자로 생활했다. 그의 어머니 신덕왕후 강씨는 그가 왕세자로 책봉된 뒤 4년이 지난 1396년(태조 5년) 죽었다. 다행히 그녀는 아들 방석

● 의안대군 방석의 후사를 잇게 된 금성대군은 단종 복위운동에 연루되어 경북 영주시 순흥에 위리안치되었다가 목숨을 잃고 말았다. 금성대군의 넋을 기리는 신단의 문(왼쪽)을 지나면 신단(오른쪽)이 있다.

이 폐위되고, 맏아들 방번과 함께 살해되는 비극은 겪지 않았다. 그녀가 죽은 지 2년 뒤인 1398년(태조 7년)에 이런 엄청난 일이 벌어졌기 때문이다. 저 세상에서 그녀가 두 아들을 만났다면 울분을 삭이지 못해 지금까지도 잠 못 이루고 있을지도 모른다.

왕비의 무덤이 파헤쳐지다니

신덕왕후 강씨(1356~1396)는 아들 방석을 왕세자에 올린 죄로 무덤 속에서도 수난을 겪었다. 남편인 태조 이성계가 죽은 뒤 그녀의 두 아들을 살해한 원비 소생 방원에 의해 몇 번에 걸쳐 무덤이 파헤쳐진다.

태종 이방원은 그녀가 이미 죽었고, 두 아들을 살해했음에도 미움이 가시지 않아 그녀에 대한 왕비의 제례를 폐하고, 서모에게 행하는 기신제를 올리게 했다. 또 태조 이성계가 덕수궁 근처에 마련해준 그녀

● 태종 이방원이 아버지 태조의 계비인 신덕왕후 강씨의 정릉을 헐어다가 세우게 한 청계천 광통교(왼쪽)의 현재 모습이다. 멀리 청계천의 상징인 소라상이 보인다. 1396년에 조성했던 옛 정릉의 석물을 만나볼 수 있다.

의 무덤인 정릉을 파괴하였고, 청계천에 홍수가 나자 그 석물들로 다리를 놓도록 했다. 조선 최초의 왕비인 그녀의 왕릉 석물을 백성이 그대로 밟고 지나다니게 한 것이다.

그 다리가 바로 청계천에 있는 광통교이다. 몇 해 전 청계천을 복원하면서 슬픈 역사를 간직하고 있는 광통교를 복원했다. 광통교의 교각이나 난간석 등을 보면 왕릉의 석물임을 누구나 쉽게 알 수 있다. 그녀의 능은 초라한 무덤으로 변해버렸고, 광통교만이 호사한 셈이 되었다. 지금도 옛 정릉의 석물들을 청계천 광통교에서 만나볼 수 있다.

청계천의 광통교 아래로 내려가 다리 중앙을 받치고 있는 돌이나 다리 양쪽 끝을 받치고 있는 돌들을 보면 크게 놀랄 수밖에 없다. 우선은 그 크기에 놀라고, 다음은 조각의 아름다움에 놀라게 된다. 그것이

왕릉의 석물이었음을 알게 되면 왕릉의 규모가 어떠했는지 짐작하고도 남는다. 왕릉을 답사한 사람이면 그 돌들이 잡귀를 쫓기 위해 무덤에 둘러친 병풍석임을 쉽게 알 수 있다.

병풍석은 이리저리 뒤섞여 광통교의 받침돌이 되었지만 조각만큼은 그대로 살아있다. 구름과 당초무늬 조각이 여전히 선명하고 아름답다. 어제 한 조각처럼 신선하기까지 하다. 다리의 받침대가 되어버린 옛 정릉의 병풍석 조각이 태조의 건원릉에 둘러쳐져 있는 병풍석 조각과 매우 유사함을 알 수 있다.

병풍석을 청계천 다리에 내준 오늘날 정릉의 모습은 다른 왕릉에 비하면 초라하기 짝이 없다. 정릉은 석물도 제대로 갖추지 못한 채 조성되었다. 병풍석과 난간석은 사라지고 호석조차도 두르지 않은 채 장명등만 무덤과 어울리지 않을 정도로 크다. 장명등은 우리나라에 있는 40개 왕릉 중 가장 크다. 신덕왕후 강씨를 따라 옛 정릉에서 가져온 석물은 장명등과 고석, 소전대 뿐이다.

● 왕릉에 있어야 할 병풍석이 청계천의 다리가 되었다. 다리의 교각과 양쪽 벽을 보면 왕릉의 석물임을 금방 알수 있다. 600년이 지났는데도 조각은 어제 한 듯 선명하다. 왼쪽은 청계천 다리가 된 태조의 계비 신덕왕후 강씨의 옛 정릉 병풍석이고, 오른쪽은 현재 태조 건원릉의 병풍석이다. 그들의 모습이 닮아있다. 그래서 가슴이 더 뭉클해진다.

200여 년 만에 복원된 정릉

조선 최초로 왕세자의 자리에 올랐던 의안대군 방석을 낳은 아버지 태조는 동구릉의 건원릉에, 어머니 신덕왕후 강씨는 정릉에 각각 떨어져 외롭게 잠들어 있다. 태조가 신덕왕후 강씨와 함께 잠들고 싶어했지만 제3대 왕으로 등극한 방원이 그 소원을 들어줄 리 없었다. 방원의 미움이 사무쳐 신덕왕후 강씨의 무덤은 파헤쳐진 채 200여 년 동안 방치되었다. 그러다 17세기 중엽 이후 서인과 노론의 영수이자 사상적 지주였던 송시열(1607~1689)의 주장에 따라 능이 다시 조성되었고, 신주도 종묘에 배향되면서 왕비의 기신제도 복구되었다.

송시열은《조선왕조실록》에 무려 3천 번 이상이나 등장하는 조선의 대학자이다. 선조 대부터 광해군, 인조, 효종, 현종, 숙종 대까지 6명의 왕을 보필한 조선 후기의 문신이자 대학자로 83세에 인생을 접었다. 그는 젊은 시절 율곡 이이(1536~1584)의 학통을 계승한 김장생(1584~1631)과 김장생의 아들 김집(1574~1656)의 문하에서 성리학과 예학을 수학했는데 그의 학문은 바로 이러한 기호학파의 학맥을 근간으

● 충북 괴산에는 우암 송시열의 묘와 화양서원이 있다.

● 송시열이 제주도 유배 길에 풍랑을 만나 전남 완도의 보길도에 잠시 머물면서 바위에 자신의 신세를 한탄하는 시를 새겨놓았다. '여든셋 늙은 몸이 푸른 바다 한가운데 떠있구나'로 시작하는 암각시다. 누군가 탁본을 떠갔는지 시가 새겨져 있는 바위에 먹물이 배어 있다.

로 형성되었다.

　　1680년(숙종 6년) 제19대 왕 숙종은 신원정치의 일환으로 방석을 의안대군으로, 방번을 무안대군으로 추증했다. 동복형 무안대군의 묘는 폐세자 의안대군 방석의 묘와 멀리 떨어져 서울 수서동 광평대군 묘역에 자리하고 있다.

폐세자 의안대군 방석의 부인 심씨

왕세자의 자리에서 폐위되고 살해된 의안대군 방석에게 부인이 있었다. 방석은 처음에 현빈 유씨와 결혼했지만 비행으로 그녀가 폐출되자 춘추관 대제학 심효생의 딸과 재혼했다.

● 의안대군의 어머니 신덕왕후 강씨가 묻힌 정릉이다. 봉분도 다른 왕릉에 비해 아주 작다. 병풍석은커녕 호석조차 둘러있지 않다. 장명등의 지붕이 팔각이고 사방이 뚫려 있는 태조의 건원릉과 달리 신덕왕후 강씨의 장명등은 지붕이 사각이고 창은 앞뒤로만 뚫려 있다. 능침에 비해 장명등이 너무 크고 다른 석물들은 왜소하기 짝이 없다.

● 비석은 이 묘의 주인이 방석임을 알려주고 있다. 비석 주변에는 할미꽃이 활짝 피었다. 17살 꽃다운 나이에 죽어서 그런지 할미꽃이 영 어울리지 않는다. 방석의 묘는 부인 심씨의 묘 뒤에 숨어있어 앞에서는 잘 안 보인다. 부인 심씨의 묘 앞에는 두 쌍의 문석인과 작으나마 비석과 상석, 향로석이 있다. 방석의 묘에는 아주 작은 비석 외엔 아무것도 없다.

이래저래 방석은 어린 나이에 아픔을 많이 겪었다.
어머니도 일찍 여의고, 결혼도 두 번이나 했으니 말이다.
첫 번째 현빈 유씨와 결혼했지만 내시 이만과의 간통사건이
발생하여 둘은 처벌받았다. 내시 이만은 목이 베이고,
현빈 유씨는 내쫓겼다. 그 뒤 방석은 심씨를 새 부인으로 맞았다.
그러면 무엇하랴. 왕세자로 책봉되었던 방석이
폐세자가 되어 살해되고 말았는데…….

이래저래 방석은 어린 나이에 아픔을 많이 겪었다. 어머니도 일찍 여의고, 결혼도 두 번이나 했으니 말이다. 첫 번째 현빈 유씨와 결혼했지만 내시 이만과의 간통사건이 발생하여 둘은 처벌받았다. 내시 이만은 목이 베이고, 현빈 유씨는 내쫓겼다. 그리하여 현빈 유씨는 자신의 비행으로 말미암아 조선 최초의 폐빈이 되었다. 그 뒤 방석은 심씨를 새 부인으로 맞았다. 그러면 무엇하랴. 왕세자로 책봉되었던 방석이 폐세자가 되어 살해되고 말았는데…….

의안대군 방석은 부모의 뜻에 따라 왕세자로 책봉되었지만 무시무시한 이복형 방원에 의해 폐세자가 되어 잔인하게 살해되었다. 어쩌면 부모의 과잉 사랑이 그의 목숨을 일찍 앗아가게 한 것은 아닐까. 아버지 태조가 어머니 신덕왕후 강씨에게 푹 빠져 원비 소생 자식들의 마음을 헤아리지 못해 이 같은 비극을 초래하게 만든 것이다.

방석이 조선 최초로 폐세자 됨에 그의 두 번째 부인 심씨도 폐빈이 되었다. 그들은 폐세자, 폐빈이 되어 죽은 뒤 함께 아래위로 잠들어 있다. 그의 묘는 경기도 광주시 중부면 미리 152번지에 위치해 있다. 묘의 형식은 쌍묘인데 좌우로 나란히 능침이 있는 게 아니라 앞뒤로 나란하다. 위가 의안대군 방석의 묘이고, 아래에 부인 심씨의 묘가 있다. 조선왕조 왕릉 중에는 효종의 영릉寧陵과 경종의 의릉懿陵이 이처럼 동원상하릉 형식으로 조성되었는데 의안대군의 묘도 그러하다.

그런데 두 묘가 앞뒤로 너무 붙어 있다. 방석의 묘 뒤에서 사진을

● 조선 건국왕 태조의 8남인 폐세자 의안대군 방석과 폐빈 심씨가 돌계단 위에 조성된 묘역에 앞뒤로 나란히 잠들어 있다. 뒤가 방석의 묘이고, 앞이 그의 부인 심씨의 묘. 두 쌍의 문석인이 양쪽에 설치되어 있다.

찍으면 한 묘처럼 보인다. 앞으로 나란히 할 수 없을 정도로 두 묘가 붙어 있다. 석물은 간소하게나마 모두 심씨 묘 앞에 있다. 두 쌍의 문석인과 혼유석, 향로석 등이 그것이다. 방석의 묘는 그의 부인 묘가 너무 바싹 붙어있어 석물을 세울 자리조차 없다. 그래서인지 방석의 묘 앞에는 작은 비석 하나만 덩그마니 놓여 있다.

의안대군 묘는 봉분을 보호하는 호석을 네모나게 둘렀다. 조선왕릉은 물론 왕족의 무덤 중 네모난 봉분은 의안대군 방석 묘가 처음이다. 그 뒤에 조성된 세종의 7남 평원대군과 예종의 2남 제안대군 묘가 네모나 있다.

의안대군 방석은 조선 최초의 왕세자로 책봉되었지만 조선 최초로 폐세자가 되었고, 조선 최초로 살해된 왕세자가 되었다. 그가 죽은 지 600년이 넘었지만 그는 조선왕조의 건국이야기를 생생하게 전해주고 있다. 그가 건국왕 태조의 아들이기 때문일 것이다.

● 신덕왕후 강씨의 장남 무안대군 방번의 묘가 서울 수서동 광평대군 묘역에 자리하고 있다. 세종의 5남인 광평대군이 무안대군의 양자가 되었기 때문이다. 광평대군 묘역에는 700기의 무덤이 모여 있다.

그러나 그가 전해주는 조선왕조 이야기는 너무나 슬프다. 그래서 그의 이야기가 더없이 흥미로운가 보다. 그가 행복했던 왕세자가 아니고 불행했던 왕세자였기에 후손들이 그와 더 이야기를 나누고 싶어 하는지도 모른다. 행복했던 왕세자와는 이야기를 나눌 게 별로 없다. 잠시 함께 행복을 느낄 수 있을 뿐이다.

비운의 왕, 비운의 왕비, 비운의 왕자, 비운의 공주, 비운의 후궁 등이 우리의 역사를 흥미롭게 만들어주고 있는 게 사실이다. 그들의 이야기가 문화콘텐츠가 되어 책으로, 영화로, 연극으로, 뮤지컬 등으로 재탄생하면서 문화예술 발전에 큰 공헌을 해주고 있기 때문이다. 나 역시 그들의 이야기를 듣는 것이 매우 흥미롭고, 그들에게 이야기를 건네는 것도 좋아한다. 그리고 그들을 많이 사랑한다.

14년 동안의
왕세자 생활이 물거품 되다

양녕대군 이제
(제3대 왕 태종의 아들)

태종 이방원의
장남으로 태어나다

양녕대군(1394~1462)은 1394년(태조 3년) 조선의 제3대 왕 태종(1367~1422)과 원경왕후 민씨(1365~1420)와의 사이에서 4남 4녀 중 장남으로 태어났다. 그는 제4대 왕 세종(1397~1450)과 효령대군(1396~1486)의 친형으로 1404년(태종 4년) 11세 때 왕세자로 책봉되었다.

양녕대군은 의정부 좌의정 광산군光山君에 증직된 광산 김씨 김한로金漢老의 딸과 1407년(태종 7년) 14세에 혼례를 치렀다. 그는 본처인 수성부부인 김씨 사이에서 3남 5녀를 두었으며, 첩에게서 7남 12녀를 두었다. 그러나 그가 폐세자 되는 바람에 10명이나 되는 아들 누구도 왕위에 오르지 못했다. 그러니 왕으로 추존되지도 못했다.

그는 왕세자로 있으면서 비행을 일삼았고 이런 행동이 심해지면서 아버지 태종의 미움을 사기 시작했다. 그리고 끝내 왕세자 자리에서 쫓겨나 조선의 폐세자 2호가 되고 말았다. 양녕대군은 14년 동안 지켜온 왕세자 자리를 동생인 충녕대군에게 넘겨주었다. 그는 자신이 당연히 오르리라 생각했던 왕위에 오른 세종을 지켜보며 더 오래 살았다.

14년간의 왕세자 생활이 물거품되다

양녕대군은 자유분방한 성격 탓으로 궁중생활에 잘 적응하지 못했다. 궁중을 몰래 빠져나가는 일이 잦았고, 사냥이나 풍류를 좋아하여 자주 아버지 태종의 화를 불러일으켰다. 그 결과 1418년(태종 18년) 마침내 왕세자의 자리에서 폐위되고 말았다.

양녕대군은 14년 동안 왕세자 자리에 있었지만 출궁시키라는 신하들의 상소가 빗발쳤다. 그는 출궁되어 경기도 광주와 이천에서 유배생활을 했다. 그를 폐위시킨 아버지 태종은 장남인 양녕대군을 바라보면서 마음이 아팠을 것이다. 그래선지 유배생활을 떠날 때는 부족함이 없도록 그가 평소 사용하던 가재도구며 20명이 넘는 식솔들과 아끼고 사랑하던 여인까지 함께 보내주었다고 전한다.

● 양녕대군의 신주를 모신 사당 지덕사 뒤편에 양녕대군과 수성부인 광산 김씨의 합장묘가 있다. 양녕대군 묘역의 산허리를 아침 안개가 둘러싸고 있다.

양녕대군은 왕세자로 있으면서 비행을 일삼았고
이런 행동이 심해지면서 아버지 태종의 미움을 사기 시작했다.
그리고 끝내 왕세자 자리에서 쫓겨나 조선의 폐세자 2호가
되고 말았다. 그는 14년 동안 지켜온 왕세자 자리를
동생인 충녕대군에게 넘겨주었다. 그는 자신이 당연히
오르리라 생각했던 왕위에 오른 세종을 지켜보며
더 오래 살았다.

● 지덕사는 14년 동안 왕세자의 자리를 지키다가 폐위된 양녕대군의 신주를 모셔놓은 사당이다. 그 사당 뒤편에 양녕대군 부부의 합장묘가 있다.

양녕대군이 폐위될 때 나이는 25세였다. 양녕대군 스스로 왕세자 자리를 거부하여 기이한 행동을 일삼았다는 말도 전해지고 있으나 정확한 내막은 알 수 없다.

양녕대군이 폐세자 되고, 동생인 충녕대군이 왕세자로 책봉된 두 달 뒤 아버지 태종의 뒤를 이어 왕위에 올랐다. 그가 바로 성군 중의 성군으로 만인이 존경하는 조선의 제4대 왕 세종이다. 세종은 1418년 왕으로 즉위하면서 이천에 유배된 형 양녕대군을 석방했다.

세종이 왕위에 오른 뒤에도 양녕대군과의 사이는 계속 좋았다고 한다. 세종은 폐세자가 된 양녕대군의 비행에 대해 신하들이 여러 번 탄핵해도 배려하여 벌하지 않았다. 세종이 아버지인 태종을 안 닮은 게 천만다행이었다. 하긴 세종도 형의 자리를 빼앗은 것 같아 양녕대군에게 늘 미안했을 것이다.

양녕대군은 비록 폐세자가 되었지만 훌륭한 동생을 왕으로 두었기에 오랫동안 목숨을 보존할 수 있었다. 양녕대군은 1453년(단종 1년) 계

● 조선 제3대 왕 태종의 장남 양녕대군이 폐세자 되고 왕세자 자리를 물려받은 태종의 3남 세종이 소헌왕후 심씨와 합장되어 여주 영릉에 잠들어 있다. 세종은 그의 큰형 양녕대군이 폐세자되면서 왕세자가 되었고 두 달 뒤 왕의 자리에 올랐다. 왕세자 자리를 내놓을 수밖에 없었던 양녕대군은 동생 세종보다 12년이나 더 살다가 세상을 떠났다. 폐세자 양녕대군은 어쩌면 살아있으면서도 행복하지는 않았을 것이다.

유정난이 일어나자 수양대군(제7대 왕 세조)의 편을 들어 그를 독려했고, 심지어 세종의 3남으로 단종 복위운동을 하던 그의 조카 안평대군을 사사시키라고까지 했다. 그리고 계유정난이 끝나자 세조에게 단종을 죽이라고 간절히 청했다는 것이다.

양녕대군은 효령대군과 함께 그 당시에 종친의 최고 어른으로 단종에게는 큰할아버지였다. 그런데 왜 그랬는지에 대한 이유는 아직도 논란이 되고 있다. 혹시 자신이 올랐어야 할 왕의 자리를 차지한 세종에 대한 서운함 때문은 아니었을까. 아무리 생각해봐도 양녕대군이 종친의 최고 어른으로서 왕위를 찬탈하려는 수양대군의 편에 서서 단종을 죽이라고까지 했다는 게 이해가 안 된다.

어쩌면 세종에게 왕위를 빼앗긴 보복을 그의 아들과 손자에게 대신한 것은 아닌지 모르겠다. 다른 한편 가능할지 모르겠지만 세조가 폭군으로 내몰리면 자신의 아들이나 손자를 왕위에 올리려 한 것은 아닌지 모를 일이다. 정실부인과 첩에게서 얻은 아들만 해도 10명이나 되었으니 양녕대군이 그런 생각을 할 수도 있었겠다 싶다.

폐세자 두 달 만에 충녕대군이 왕으로 즉위하니

양녕대군은 폐세자가 되었을 때 입은 상처가 컸을 것이다. 거기다가 왕세자 자리를 물려받고 두 달 만에 동생 충녕대군이 왕위에 올랐으니 아무리 그가 무능하고 착하다 해도 자존심이 상했을 것이다. 1418년(태종 18년) 6월 양녕대군이 폐위되었는데 그해 8월에 충녕대군이 왕위에 올랐기 때문이다.

양녕대군은 누구보다 자신을 폐세자시킨 아버지 태종이 미웠을 것이고, 세종도 좋지만은 않았을 것이다. 아마 그 상처로 세종의 손자인 단종을 폐위시키는 데도 나서서 막아주지 않았을지도 모른다. 물론 수양대군도 세종의 아들인데 그에게는 힘을 실어주었으니 그 부분은 납득이 안 된다.

폐세자가 된 양녕대군이 자신은 물론 자식의 목숨을 부지하기 위해 막강한 힘을 가진 세조의 편이 된 것은 아닐까. 아무튼 그는 동생인 세종이 지나치게 똑똑하여 폐세자가 되었고, 상처도 많이 입었다. '형만

한 아우 없다'는 말을 무색하게 만든 세종이었기 때문이다. 동생이 너무 똑똑하면 왕가뿐 아니라 민가에서도 형이 야단을 맞게 마련이다.

왕세자였던 양녕대군도 그렇지만 왕세자빈이었던 그의 부인은 더 억울했을 것이다. 그녀는 장차 왕위에 오를 왕세자빈으로서 혼례를 치렀을 것이다. 왕비에 오르는 것은 당연하다고 생각했을 것이다. 그런데 양녕대군이 폐세자되면서 함께 폐위되어 더는 왕비의 꿈을 꿀 수조차 없게 되어버렸다. 왕세자빈에서 폐위된 그녀는 양녕대군의 본처인 수성부부인 김씨로 만족하면서 살아가야만 했다. 양녕대군은 자녀를 10남 15녀나 두었다. 대한민국의 초대 대통령 이승만이 양녕대군의 서5남인 장평도정 이흔의 16대손이다.

숭례문과 경회루 현판을 쓴 양녕대군

양녕대군은 비록 폐세자가 되었지만 서예에 능하여 서체 또한 예술이었다. 숭례문과 경회루 등 현판을 써서 지금도 그의 서체를 가늠할 수 있다. 문학에도 재능이 있어 시도 매우 잘 썼다고 전한다. 조선 중기의 문신 김시양(1581~1643)의 문집인 《자해필담紫海筆談》에 실린 그의 시詩 한 편을 소개해본다.

이 시는 양녕대군의 시적 품격을 확인할 수 있는 대표적 작품 중 하

● 화마의 아픔을 딛고 다시 새로운 모습으로 복원된 우리나라 국보 제1호 남대문이다. 양녕대군이 썼다는 숭례문이란 현판이 세로로 멋지게 걸려 있다

나로《한국 역대 명시전서》,《동국시선》 등에 한국의 대표적인 한시로 소개되어 있다. 양녕대군이 즐겨 유람했던 묘향산 어느 암자에 묵으면서 한 스님의 간절한 청으로 시축詩軸에 써 준 작품이다. 양녕대군 묘와 신주를 모신 지덕사 내에 그의 자필 시비가 세워져 있다. 시를 음미하다 보면 양녕대군이 자신의 신세를 한탄한 시詩임을 짐작할 수 있다.

> 산허리 도는 안개 아침 짓는 연기인가 山霞朝作飯
>
> 넝쿨 사이 걸린 달은 밤 밝히는 등불이네 蘿月夜爲燈
>
> 나홀로 고적한 암자에서 자고 나니 獨宿孤巖下
>
> 탑 하나 저만치 홀로 서있네 猶存塔一層

● 폐세자 양녕대군의 묘와 신주를 모신 사당 지덕사 뜰에는 친필 시비가 세워져 있다.

똑똑한 동생 세종으로 인해 피해 본 형님들

폐세자되어 왕의 형님으로 살아가야 하는 양녕대군보다야 나았겠지만 효령대군 이보(1396~1486)도 마음은 편하지 않았을 것이다. 조선 후기의 학자 이긍익(1736~1806)이 쓴《연려실기술然藜室記述》에 효령대군과 관련된 일화가 전해지고 있다.

양녕대군의 실덕失德이 계속되자 바로 아래 동생 효령대군은 장차 자신에게 기회가 올지도 모른다는 생각에 깊이 들어앉아 모든 걸 삼가고 글 읽기에 몰두했다.

양녕대군이 마침 효령대군의 방을 지나다 이를 보고 "어리석다. 너는 충녕대군에게 성덕聖德이 있는 것을 알지 못하느냐!"라고 했다. 그 말을 듣고 효령대군은 크게 깨달은 뒤 그 길로 자주 가던 절에 달려가 온종일 북을 두드렸다고 한다.

그래서인지《연려실기술》을 쓴 이긍익이 글을 쓰던 조선 후기까지도 뭔가 부드럽고 축 늘어진 것이 있으면 '효령대군 북 가죽 같다'는 말이 있었다. 욕심을 비운 효령대군은 후손을 많이 남기고 90세가 넘도록 살았다.

양녕대군이 폐세자가 된 원인에 대하여 김시양은《자해필담紫海筆談》에서 양녕대군이 왕세자로 있을 때 태종의 뜻이 세종(충녕대군)에게 있음을 알고 일부러 미친 척하고 자리를 사양하니, 태종이 곧 폐하여 세종을 세웠다고 추론했다.

하지만 《조선왕조실록》에서는 이와 다르게 기록되었다. 왕세자의 자리에 있었던 양녕대군의 계속된 비행으로 아버지 태종이 몇 번 질책하였다. 이에 불만을 품은 양녕대군이 "자신은 잘못이 없으며, 아버지는 모든 일을 마음대로 하시면서 왜 저만 못하게 하시느냐."는 상소를 올려 태종을 비난했다. 이에 분노한 태종은 왕세자를 폐하여 경기도 이천군으로 귀양 보내고 3남 충녕대군에게 왕세자 자리를 넘겨주었다고 전한다.

그때 왕세자 자리를 넘겨받은 충녕대군은 이천군으로 찾아가 양녕대군을 위로했다고 한다. 형제의 우애가 어떠해야 하는지를 보여준 세종이었다. 세종도 폐세자가 된 큰형 양녕대군을 생각하면 죽을 때까지도 마음이 안 좋았을 것이다.

양녕대군에 대해 전해오는 또 다른 에피소드다. 충녕대군이 왕이 되고 나서 어느 날, 양녕대군이 효령대군이 있는 절에 가서 고기를 구워먹은 적이 있었다. 효령대군과 스님들이 말리려 했지만 양녕대군의 말 한마디에 모두 잠잠해졌다. "내가 살아서는 임금의 형님이고, 죽어서는 불자의 형님인데 무엇이 두렵겠느냐?"라고 말했다는 것이다. 그는 왕이 되지는 못했지만 오히려 왕이 된 세종보다 더 오래 살면서 인생을 즐겼다. 왕위에 오른 세종은 형들보다 훨씬 일찍 죽었다.

● 양녕대군의 바로 아랫동생인 효령대군과 예성부부인 해주 정씨의 묘와 신주를 모신 사당 청권사다. 효령대군은 바로 위의 형이 폐세자되자 왕세자 자리가 자신에게 올 거라 예상했지만 빗나가고 말았다. 그러나 그의 묘와 사당은 아주 근사하다.

효령대군도 은근히 기대했겠지만 왕자리는 동생인 충녕대군에게 갔으므로 더 이상의 욕심을 접었고, 그 역시 살아남기 위해 불도에 전념했을 것이다. 그는 생전에 손자가 33명, 증손자가 109명으로 후손이 번성했다. 전주 이씨 대동종약원의 파종회 중 효령대군의 자손이 가장 번창한 것으로 알려져 있다. 그는 91세까지 살면서 조선 전기 흥망성쇠를 다 지켜본 종친이다. 효령대군의 묘는 그의 부인 예성부부인 해주 정씨와 서울특별시 서초구 방배동 191번지에 위치해 있다. 그의 신주가 모셔져 있는 사당 청권사와 함께 있다.

제 명까지 살다간 유일한 폐세자

양녕대군은 폐세자되어 왕위에 오르지는 못했지만 천명을 누리다 1462년(세조 8년) 69세를 일기로 세상과 하직했다. 그는 다른 폐세자들과 달리 살해되거나 자결하지 않고 제 명까지 살다가 세상을 떠나니 천운이 아닐 수 없다. 아울러 그의 아들들 역시 역모에 연루되지 않고 목숨을 모두 지켜낸 것 또한 행운이다.

세종이 아들을 양녕대군보다 훨씬 많이 낳은 것도 그의 목숨을 지켜내는데 큰 몫을 한 셈이다. 세종은 조선의 왕들 중 아들이 18명으로 가장 많다. 그러니 감히 누가 역모를 꾀하겠는가? 어쨌거나 양녕대군은 세종 같이 어진 동생을 둔 게 가장 큰 복이었다.

태종의 적장자로 태어나 왕세자로 책봉된 장남 양평대군을 폐세자시킨 남편을 정부인 원경왕후 민씨가 좋아할 리 없었다. 또한 태종은 자신의 친정 식구들을 살해하고 온 집안을 쑥대밭으로 만들어 놓았으니 원경왕후 민씨는 남편에 대한 원망이 엄청났다.

원경왕후 민씨는 남동생들과 함께 남편 태종이 왕이 되도록 누구보다 앞장서서 도운 일등 공신이었다. 그런데 친정을 풍비박산 내었으니 화병이 나는 게 당연했다. 원수가 되어버린 태종과 원경왕후 민씨가 헌·인릉의 헌릉에 나란히 잠들어 있다.

양녕대군은 의안대군에 이어 조선왕조가 문을 연 이후 두 번째로

● 폐세자 제2호가 된 태종의 장남 양녕대군의 비석이 어제와 오늘을 말해주고 있다. 양녕대군의 신주를 모신 사당과 묘가 주택가에 자리 잡고 있어 15세기와 21세기가 공존함에 괴리가 있어 보인다.

● 양녕대군을 낳아준 아버지 제3대 왕 태종과 어머니 원경왕후 민 씨의 능침을 정면에서 바라본 모습과 곡장 뒤에서 바라본 모습이다. 다른 왕릉보다 석물들이 두 배로 많다. 마치 석물전시장 같다. 죽어서 두 분의 사이가 좋아졌는지 모르겠다. 그래도 두 분은 만인이 존경하는 제4대 왕 세종의 부모님이 아닌가.

폐세자가 된 왕자다. 아버지 태종 이방원에 의해 조선에서 두 명의 왕세자가 폐세자가 되었다. 이방원은 자신의 이복동생인 의안대군은 폐세자시킨 후 잔인하게 살해했지만 자신의 아들은 폐세자 시킨 후 죽이지는 않았다. 조선의 4명의 폐세자 중 양녕대군이 유일하게 제 명까지 살다가 죽은 폐세자다. 2명은 살해되었고, 1명은 자결했다.

양녕대군의 묘는 서울특별시 동작구 상도동 산 65-42, 217-1번지에 위치해 있다. 그곳에는 폐세자 제2호인 양녕대군과 폐세자빈 수성부부인 광산 김씨의 묘소와 이들의 신주를 모시고 있는 사당 지덕사가 있다.

할머니와 아버지를
잘못 만나 살해되다

폐세자 이황

(제10대 왕 연산군의 아들)

연산군의
적장자로 태어나다

조선 제10대 왕 연산군(1476~1506)의 아들 이황(1497~1506)은 1497년
(연산군 3년) 연산군과 폐비 신씨(1476~1537)와의 사이에서 2남 1녀 중 장
남으로 태어나 왕세자로 책봉되었다. 그는 1503년(연산군 9년) 7세 때
왕세자가 되었다. 그러나 그는 아버지를 잘못 만나 왕세자에서 폐위되
고 목숨마저 잃었다.

　다행히 왕세자 황은 혼례를 치르지 않아 부인과의 사이에 자녀가
없었다. 그러나 폐세자 이황에게 왕세자빈으로 간택되어 혼례를 기다
리고 있던 규수가 있었다. 그는 정세명의 딸로 1506년(연산군 12년) 2월

왕세자빈으로 간택되었다. 하지만 7개월만인 9월에 중종반정이 일어나 왕세자 이황과 함께 폐위되었다.

왕세자 이황과 연을 맺은 그녀의 인생 또한 기구하기 짝이 없다. 왕세자 이황과 왕세자빈으로 책봉된 정씨는 딱 두 번 얼굴을 보았지만 부부로서 운명을 함께 해야만 했다. 그녀의 아버지 정세명은 길례는 올리지 않은 상태였지만 딸이 왕세자와 혼인한 것이나 다름없어 중종반정 때 살해되었다. 이 무슨 기막힌 일이란 말인가.

불행 중 다행이랄까. 정세명의 딸은 왕세자 이황이 유배를 떠나면서 사가로 나간 뒤 기록이 남아있지 않다. 행방을 알 수 없다. 행방이 알려지면 죽을 수도 있었을 것이다.

아버지 연산군이 폐왕이 되었으니 폐세자 이황에게 아들이 있었어도 왕이 될 수는 없었을 것이다. 아마도 아들 모두가 살해되고 말았을 것이다.

연산군에게는 왕세자로 책봉되었다가 폐세자가 된 장남 황과 차남 창녕대군(1501~1506)이 있었으며, 딸 휘순공주(1496~1508)가 있었다. 그

● 이황의 아버지 연산군은 폐왕이 되어 강화도에서 또 배를 타야 들어갈 수 있는 왕족들의 유배지 교동으로 들어갔다. 지금은 교동대교가 2014년 개통되어 자동차를 타고 그대로 건널 수 있게 되었다. 표석과 표지판이 연산군 적거지(燕山君謫居址)였음을 알리고 있다. 연산군은 처음에 이곳 교동부지 뒤편에 잠시 있다가 고구리 쪽으로 옮겨 위리안치되었다고 한다.

리고 3명의 후궁 사이에서 태어난 아들 둘과 딸 하나가 더 있었다. 하지만 그들 모두 지위가 박탈되었고 왕자들은 모두 목숨을 잃었으며 딸들만 겨우 살아남았다.

그 당시 중종반정을 일으킨 반정세력은 연산군을 폐위시켜 강화도의 교동으로 귀양 보냈고 이황도 왕세자의 지위를 박탈시켜 귀양을 보냈다. 《조선왕조실록》에도 연산군의 네 아들 모두 뿔뿔이 흩어져 유배되었다가 사사되었다고 전한다.

그들은 왜 죽어야 하는지도 모르고 그냥 죽어갔음은 물론이다. 그렇게 짧은 생을 마감한 폐세자 이황과 3명의 남동생들은 시신도 거두지 못해 지금 어디에 묻혀 있는지 흔적조차 찾을 길이 없다.

중종반정 세력은 연산군의 아들들과 달리 연산군의 부인 폐비 신씨의 소생인 휘순공주와 후궁에게서 난 옹주는 죽이지 않았다. 다행히 연산군의 딸들은 이미 결혼하여 시댁에서 살고 있었다.

하지만 딸 휘순공주는 구문경이라는 사람에게 출가했는데 시아버지 구수영이 이혼시켰다. 그러자 구수영은 주위에서 많은 비난을 받게 되었고 아들 내외를 재결합시킬 수밖에 없었다. 구수영은 세종의 8남

● 폐세자 이황의 아버지인 조선 제10대 왕 연산군의 유배지에 있는 표지판과 표지석 그리고 유배지의 전경이다. 유배문화관과 위리안치소가 새롭게 복원되어 있지만 그조차 슬프다. 표지판조차도…….

영웅대군(1434~1467)의 사위로 길안현주와 혼인했다. 그러고 보니 휘순 공주와 시어머니 길안현주는 친정 쪽으로 7촌 간이 되는 셈이다.

연산군의 아들들에 얽힌 전설 따라 삼천리

강원도 정선읍 덕우리 마을 건너편에는 해발 728.2m 높이의 피리를 부는 산이란 뜻의 취적봉이 있다. 취적봉吹笛峰은 폐세자 이황과 어린 형제들이 이곳 버드내(유천리)로 유배되어 피리를 불며 고향 생각을 달래다가 중종이 내린 사약을 받고 죽었다는 전설이 있다. 죽었을 때 폐세자 이황의 나이는 10세였다.

연산군이 왕위에서 폐위되고 22일만이다. 이 마을 건너편 석벽이 덕우 8경 중 하나다. 그 석벽이 그들이 피리를 불었다던 취적대이고, 그 뒷산에 취적봉이 있다.

이 이야기와는 달리 연산군의 아들들이 모두 이곳에서 죽은 것이 아니라는 설도 있다. 이덕일의《조선선비 살해사건》에 의하면 연산군의 아들들 중 폐비 신씨 소생의 폐세자 이황은 강원도 정선, 창녕대군 이성은 충청도 제천, 숙의 이씨의 아들 양평군 이인은 황해도 수안으로 유배되어 그곳에서 각각 사약을 받고 죽었다고 전한다.

아무튼 10세 안팎의 어린 왕자들이 태어나 꿈을 펼쳐보지도 못하

● 폐세자 제3호 이황을 낳은 조선 제10대 왕 연산군 묘역의 가을이다. 그나마 연산군은 폐위되었지만 서인으로 강등되지 않은 게 천만다행이다. 연산군은 왕자의 신분은 유지하게 되었다 그리하여 연산군 묘는 왕자의 묘로 조성되었다. 휘순공주는 연산군 묘역에 아버지 연산군과 어머니 거창군부인 신씨와 아래위로 잠들어 있다. 연산군 묘역은 폐세자 이황의 누나 휘순공주의 시댁 땅이다.

중종반정을 일으킨 반정세력은 연산군을 폐위시켜
강화도의 교동으로 귀양 보냈고, 이황도 왕세자의 지위를
박탈하고 귀양 보냈다. 연산군의 네 아들 모두 뿔뿔이 흩어져
유배되었다가 사사되었다.
그들은 왜 죽어야 하는지도 모르고 그냥 죽어갔음은 물론이다.
그렇게 짧은 생을 마감한 폐세자 이황과 3명의 남동생들은
시신도 거두지 못해 지금 어디에 묻혀 있는지
흔적조차 찾을 길이 없다.

● 폐세자 이황은 할머니로 폐비 윤씨, 아버지로 폐왕 연산군을 두어 목숨까지 잃게 되었다. 강화도 교동면 고구리 산속에 자리한 연산군의 위리안치소이다. 고증을 그럴듯하게 해놓았다. 그의 밥상에는 밥과 국, 물, 사탕 한 개가 놓여 있다. 사탕 한 개는 관람객이 올려놓은 모양이다. 바라만 봐도 그냥 슬프다.

고 안타깝게 세상을 떠났다. 그들은 왜 죽어야 하는지도 제대로 모르고 죽어갔을 것이다. 연산군을 아버지로 두었기 때문에 죽어간 폐세자 이황과 동생들은 지금 어디에 묻혀 잠을 자고 있는지 무덤조차 찾을 길이 없다. 이황은 조선이 문을 연 이래 세 번째로 폐세자가 되었다.

따지고 보면 폐세자 이황의 아버지 연산군이 폭군이 된 것은 그의 할머니 때문이다. 그의 할머니가 누군가. 제9대 왕인 할아버지 성종의 얼굴에 손톱자국을 낸 폐비 윤씨가 바로 그의 할머니다.

칠거지악七去之惡에 걸려 그의 할머니는 성종의 계비에서 폐비가 되어 서인으로 강등되었다. 그녀는 후궁으로 간택되었다가 왕의 성은을 입어 하루아침에 신데렐라가 되었지만 끝까지 그 자리를 지켜내지 못하고 할아버지 성종이 내린 사약을 받고 한삼자락에 피를 토하며 세상을 떠났다. 그 후 그 한삼자락의 피가 아버지 연산군을 폭군으로 만들어버렸다.

그 결과 연산군은 폐왕이 되어 강화도 교동으로 유배를 갔다가 그곳에서 두 달 만에 역질에 걸려 죽었다. 그 후 교동에 7년간 묻혔다가 어머니 폐비 신씨의 탄원으로 현재의 자리로 옮겨졌다. 연산군의 무덤은 폐왕이 되어 왕릉이 아닌 왕자의 무덤으로 조성되어 석물도 간소하다. 특이한 것은 양쪽에 석마를 대동하지 않은 문석인 2기가 세워져 있다. 물론 무석인과 석양, 석호는 세워져 있지 않다.

수백 편의 시를 남긴 연산군

연산군의 재위기간 동안의 이야기는 《조선왕조실록》이 아닌 《연산군일기》에 63권 46책으로 정리해놓았다. 중종반정에 의해 폐왕이 되었기 때문이다. 1509년(중종 4년) 연산군을 몰아낸 반정세력에 의해 《연산군일기》가 완성되었다. 그러니 잘한 것보다는 못한 것 위주로 정리되어 있을 것이다. 역사의 기록은 원래 승자 편에 유리하게 쓰이게 마련 아닌가.

그러나저러나 폐세자 이황의 아버지 연산군은 타고난 감수성이 좋아 수백 편의 시를 남겼다. 하지만 반정 후 모두 불태워 없어지고 《연산군일기》에 130여 편만 남아 있다.

연산군 묘역에서 나누어 주는 관람 자료에는 연산군의 눈물이 배어 있는 시詩 두 편이 실려 있다. 어머니를 생각하는 시와 자식을 떠나보낸 아비의 마음을 그려낸 시다. 그는 시를 잘 지었을 뿐 아니라 붓글씨도 잘 썼다. 폭군으로만 알려진 연산군의 숨은 얼굴이다.

《연산군일기》에 실린 두 편의 시를 소개해 본다. 어머니를 생각하며 지은 시를 먼저 소개하고, 이어 자식을 생각하며 지은 가슴 뭉클한 시를 소개한다.

● 연산군이 폭군이 되는 원인을 제공한 어머니 폐비 윤씨의 한겨울 회묘 전경이다.

어제 효사묘에 나아가 어머님을 뵙고 昨趨思廟拜慈親(작추사묘배자친)

술잔 올리며 눈물로 자리를 흠뻑 적셨네. 尊爵難收淚滿菌(존작난수루만균)

간절한 정회는 그 끝이 없건만 懇追精懷難紀極(간추정회난기극)

영령도 응당 이 정성을 돌보시리. 英靈應有顧誠眞(영령응유고성진)

　　　　　　　　　　　　　　-《연산군일기》중 연산군 8년 9월 5일-

종묘사직 영혼이 나의 지성을 생각지 않아 宗社幽靈不念誠(종사유령불염성)

어찌 이다지도 내 마음이 상하는지 如何忍頑我傷情(여하인완아상정)

해마다 네 아들이 꿈 같이 떠나가니 連年四子離如夢(연년사자이여몽)

슬픈 눈물 줄줄 흘러 갓끈을 적시네. 哀淚千行便灌纓(애루천행변탁영)

　　　　　　　　　　　　　　-《연산군일기》중 연산군 10년 1월 27일-

유배지에서 왕세자빈과
땅굴을 파다 죽음을 맞다

폐세자 이지
(제15대 왕 광해군의 아들)

광해군의 적장자이자
외아들로 태어나다

조선 제15대 왕 광해군(1575~1641)의 아들 이지(1598~1623)는 폐비 류씨 (1576~1623)와의 사이에서 1598년(선조 31년) 외아들로 태어나 광해군이 즉위한 1608년 11세에 왕세자로 책봉되었다.

그는 1611년(광해군 3년) 14세 때 밀양 박씨인 박자홍의 딸과 혼인 했다. 그도 연산군의 아들 이황처럼 아버지를 잘못 둔 죄로 폐세자가 되어 왕세자빈과 함께 죽음을 맞았다.

그와 왕세자빈 사이에는 자녀가 없었다. 그는 하루아침에 왕의 아 들이 아닌 죄인의 아들이 되었고, 왕세자에서 폐세자가 되었다. 그의 아버지 광해군과 폐비 류씨와의 사이에는 왕세자였던 이지 밖에 자녀가 없었다. 그는 광해군에게 유일한 적자였고, 외아들이었던 것이다.

이지는 아버지 광해군이 1623년(광해군 15년) 인조반정으로 왕위에서 폐위되는 바람에 함께 폐세자가 되었다. 왕세자 이지는 아무 잘못을 안 했어도 광해군을 아버지로 두었기 때문에 왕세자의 자리에서 쫓겨나고 말았다.

그는 폐세자가 되어 아버지 광해군과 어머니 폐비 류씨와 그의 부인 폐세자빈 박씨와 함께 강화도로 유배되었다. 광해군 부부는 강화부의 동문 쪽에, 폐세자 부부는 서문 쪽에 각각 위리안치되었다. 유배 장소에는 온통 가시울타리를 둘러쳐 외부와 접촉할 수도 없었다.

유배 생활 2개월 만에 자살한 폐세자 부부

폐세자가 된 이지는 유배 생활을 시작한 지 2개월쯤 되었을 때 담 밑에 땅굴을 파 밖으로 빠져나가려다 잡히고 말았다. 이로 인하여 조선 제14대 왕 선조의 계비 인목대비 김씨와 반정세력은 그를 죽이기로 결정한다.

선조는 바로 이지의 할아버지다. 이 사실을 전해들은 폐세자 이지는 스스로 목숨을 끊고 말았다. 폐세자빈 박씨도 이 사건으로 스스로

● 1610년(광해군 3년) 13세 때 왕세자 이지의 책례를 행한 창덕궁의 인정전이다.

목숨을 끊었다. 이같이 비참하게 죽어간 아들 내외의 소식을 전해들은 광해군 부인 류씨도 얼마 뒤 화병으로 죽었다. 광해군만이 유배지를 몇 번에 걸쳐 옮겨 다니다 제주도에서 생을 마감했다. 광해군은 유배 생활 19년이 다 되도록 살아남아, 67세의 나이로 1641년(인조 19년) 파란만장한 삶을 접었다.

아버지 광해군의 업보로 아들 이지의 인생은 엉망진창으로 어그러져 도저히 맞출 수 없는 퍼즐이 되어버렸다. 광해군은 부왕 선조의 유일한 적자로 1606년(선조 39년) 태어난 나이 어린 영창대군(1606년~1614년)을 8세에 강화도로 유배시킨 것도 모자라 1614년(광해군 6년)에 처참하게 살해했다.

이복동생 영창대군을 방에 가둔 채 불을 마구 때어 열기에 타죽게 만들었다. 그때 영창대군의 나이 겨우 9세였다. 영창대군을 낳고 대비에 오른 선조의 계비 인목왕후 김씨(1584~1632)도 아들인 광해군에 의해 5년여 동안 선조의 유일한 공주로 태어난 정명공주(1603~1685)와 함께 덕수궁에 유폐시켰다.

● 폐세자 이지의 할머니 인목왕후 김씨와 고모 정명공주를 5년여 동안 가두어놓았던 덕수궁의 석조전이다.

그러니 어찌 광해군의 삶이 무사할 수 있었겠는가. 이복동생 영창
대군을 그렇게까지 죽이지 않아도 될 일이었다. 영창대군은 광해군보
다 무려 31세나 어렸다. 광해군의 아들 이지보다 8세가 어렸다. 아들
보다 어린 동생을 잔인하게 살해했으니 하늘도 무심하지 않았을 것이
다. 자녀를 낳아 키우는 사람은 뭐가 달라도 달라야 함을 광해군은 미
처 깨닫지 못한 모양이다. 부모의 자리가 얼마나 조심스러운 자리인지
생각조차 안 했나 보다. 하물며 한 나라의 군주가 백성들에게 무엇을
가르쳐주려고 그랬는지 모르겠다.

광해군의 아들 이지는 폐세자가 되어 26세의 젊은 나이로 꿈도 펼
쳐보지 못한 채 폐세자빈 박씨와 함께 비참한 모습으로 세상을 떠났다.
다행히 그들 부부는 소생을 남겨놓지 않고 죽었다. 자녀가 있었으면 그
들도 4촌 형 인조(1595~1649)가 그냥 놔두지 않았을 것이기 때문이다.

폐세자 이지에게 동복이든, 이복이든 형제가 없는 것도 다행한 일
이었다. 있어보았자 목숨을 지켜낼 수 없었을 것이기 때문이다.

그는 아버지 광해군의 실정으로 왕위에도 올라보지 못하고 폐세자

● 폐세자 제4호 이지의 아버지 광해군에 의해 9세의 어린 나이에 처참하게 생을 접어야만 했던 영창대군의 묘역이다. 동자승이 양쪽에 서서 그의 명복을 빌어주고 있다. 영창대군의 어머니 인목왕후 김씨의 마음이 동자승 모습이었을 것이다. 영창대군은 폐세자 이지에겐 삼촌이다.

가 되어 스스로 목숨마저 끊었다. 그를 양주 수락산水落山 옥류동玉流洞에 장사지냈다는 내용이 《연려실기술》 제19권, 폐주 광해군 고사본 말에 기술되어 있다. 현재 그곳의 주소는 경기도 남양주시 수락산 별내면 청학리 옥류골인데 안타깝게도 1990년경에 그의 묘가 파헤쳐져 화장되었다고 한다. 폐사자 이지가 묻혀있던 묘 자리만 빈 터로 덩그마니 남아있을 뿐이다.

　조선의 왕세자들 중 원래 폐세자가 된 왕세자는 4명이 아니라 5명이었다. 그중 사도세자만이 복위되어 폐세자의 딱지를 떼게 되었다. 복위되지 못한 4명의 폐세자들 중 태조의 막내아들 의안대군과 태종의 장남 양녕대군은 그들의 아버지가 왕위를 잘 지켰기 때문에 죽어서나마 대접을 받고 있다. 그 외 왕위에 오르지 못하고 요절한 조선의 왕세자들은 원소에 잘 모셔져 있다. 6명의 요절한 왕세자들 중 3명은 왕으로 추존되어 왕릉에 모셔져 있다.

　폐세자들 묘 중 양녕대군의 묘가 가장 으리으리하다. 그것도 서울

● 제주도의 어등포 항구와 그 주변 모습이다. 이곳에 폐세자 이지의 아버지 광해군이 1623년 인조반정으로 폐위되어 처음 강화도 교동으로 유배되었다가 1637년 6월 16일 유배소를 제주도로 옮겨오게 되면서 이곳 어등포에 내려 일박을 했다고 한다. 어등포에서 광해군은 이곳이 제주도란 말을 듣고 엉엉 울었다고 전한다. 연산군과 마찬가지로 광해군 역시 실정으로 그의 아내와 아들, 며느리 모두 유배지에서 잃고 홀로 남아 유배 생활을 계속했다. 폐세자 역시 아버지를 잘못 두어 인생을 망쳐버렸다.

에서 넓은 자리를 차지하고 있다. 그를 모시는 사당도 별도로 갖춰놓고 있다. 폐세자가 되면서 그의 왕세자 자리를 넘겨받은 동생 세종 덕분일 것이다. 양녕대군만 친형제에게 왕세자 자리가 넘어갔다. 그랬기에 그나마 목숨도 부지할 수 있었고, 묘 자리도 좋은 곳을 차지할 수 있었을 것이다. 나머지 3명의 폐세자는 친형제에게 왕세자 자리가 넘어가지 못했다. 그래도 의안대군은 건국왕 태조의 아들이기에 묘라도 번듯하게 선물 받을 수 있었을 것이다. 그가 죽었을 때 아버지 태조가 살아있었으니 그를 죽인 방원도 어쩌지 못했을 것이다.

폐왕의 왕세자들이 문제일 뿐이다. 폐왕 연산군의 아들 이황과 광해군의 아들 이지만 그야말로 찬밥 신세가 되어 죽어서도 대접을 못 받

● 광해군의 적소 터임을 알려주는 안내 표지석이다. 어등포에서 일박을 하고 도착한 곳이 현재 국민은행 제주지점이 있는 곳으로 이 자리에서 4년 정도 위리안치된 후 1641년(인조 19년) 7월 1일, 67세의 나이로 한 많은 이 세상을 떠났다. 그의 시신은 8월 18일 적소 터를 떠나 상경했다.

● 폐왕 광해군과 폐비 문성군부인 류씨의 묘역이다. 느긋한 성품을 가져 유배 생활 중 가족을 모두 잃고도 20년 가깝게 살다가 세상을 떠난 광해군의 비석과 달리 유배생활을 시작하고 얼마 안 되어 화병으로 세상을 떠난 어머니 류씨의 비석은 새까맣다. 15년 넘게 왕비의 자리에 있었던 류씨의 가슴이 새까맣게 타 죽음을 맞았을 것이다. 그 마음을 비석이 대신하고 있는 것 같다.

광해군의 아들 이지는 그야말로 찬밥 신세가 되어
죽어서도 대접을 못 받고 있다. 그는 묘도 선물 받지 못했다.
그 누구도 그의 무덤을 조성해주지 않았다.
무덤조차 없으니 참으로 애달프다. 그는 아버지가 폐왕이 되어
더는 왕의 아들이 아니기 때문이다. 폐세자 이지 이후로
조선왕조가 문을 닫을 때까지 더 이상 왕세자가 폐세자가
되는 일은 없었다. 이지가 조선의 마지막 폐세자다.

● 광해군 묘역에 세워져 있는 문석인과 망주석이다. 망주석의 머리가 송두리째 잘려 나가 있다. 묘역이 옹색해 뒷걸음질 치다가는 낭떠러지로 떨어질 것만 같다. 장마가 끝난 뒤 찾아가서 그런지 사초지가 무너져 내려 여기저기 망으로 덮어놓았다. 조선의 폐세자 제3호의 아버지 연산군의 묘역보다 폐세자 제4호의 아버지 광해군의 묘역이 훨씬 못하다. 문석인 또한 슬프기 한량없다. 금세라도 눈물이 펑펑 쏟아져 내릴 태세다.

고 있다. 그들은 묘도 선물 받지 못했다. 그 누구도 그들의 무덤을 조성해주지 않았다. 무덤조차 없으니 참으로 애달프다. 아버지가 폐왕이 되어 더는 왕의 아들이 아니기 때문이다. 비록 폐세자지만 광해군의 유일한 아들이니만큼 광해군 묘 부근으로 옮겨 묻어주지 그랬나 싶다.

폐세자가 된 그들의 아버지 연산군은 11년 9개월, 광해군은 15년 1개월이나 왕위에 올라있었는데도 겨우 초라한 묘를 선물 받았다. 그러니 왕세자의 자리에 있었던 이황과 이지의 묘가 남아있을 리 없다. 그들은 후손들의 관심에서도, 역사 속에서도 점점 더 희미해지게 되었다.

묘조차 남아있지 않은 폐세자 이지의 꿈을 송두리째 앗아가게 만든 아버지 광해군은 문성군부인 류씨와 함께 나란히 잠들어 있다. 광해군의 소원대로 할머니 공빈 김씨(선조의 제1후궁)의 성묘와 가까이에 묻했다. 경기도 남양주시 진건면 송능리 산 59번지에 쌍분으로 조성되어 남향을 바라보고 있다. 죽어서는 얌전히 계신가 모르겠다.

그런데 광해군 묘는 연산군에 비해 자리도 안 좋고 석물도 형편없다. 햇볕도 잘 안 들고 경사가 심한 낭떠러지 위에 조성되어 있다. 앞도 확 트여있지 않아 답답하기만 하다.

망주석의 머리도 떨어져 나갔는가 하면 두 쌍의 문석인이 세워져 있는 연산군의 묘역과 달리 문석인도 한 쌍만 세워져 있다. 크기도 아주 작다. 폐세자 의안대군 방석의 묘와 양녕대군의 묘에도 문석인이 2쌍씩 세워져 있는데 광해군의 묘역에는 이것저것 못 갖춘 게 많다.

이래저래 죽어서도 폐세자 제4호인 이지는 화가 안 풀릴 것만 같다. 폐세자 이지 이후로 조선왕조가 문을 닫을 때까지 더 이상 왕세자가 폐세자가 되는 일은 없었다. 이지가 조선의 마지막 폐세자다.

● 서울 종로구 인의동에 자리한 보호수로 480년이 된 은행나무다. 이곳에 조선 제15대 왕 광해군이 왕이 되기 전 살았던 잠저 이현궁이 있었다. 그곳은 광해군의 아들 폐세자 이지의 가례 때 별궁으로도 사용되었다. 이미 그때도 이 은행나무가 수령 100년이 되었을 테니 그들과 희로애락을 함께한 은행나무다.

창덕궁에 봄이 찾아왔다. 봄의 전령사 매화가 활짝 피었다. 참으로 아름답다. 그런데 이 아름다운 궁궐에서 꽃도 채 피우지 못하고 세상을 떠난 슬픈 영혼들이 많다. 조선의 왕자로 태어나 왕세자로 책봉까지 받았는데 뭐 그리 급해 이 세상을 등지고 떠났을까. 요절한 6명의 왕세자들을 만나본다.

2장

요절한 왕세자를 만나다

사촌동생인 단종과
같은 해에 세상 뜨다

의경세자 이장
(도원군, 추존왕 덕종, 제7대 왕 세조의 아들)

세조의 적장자로
추존왕이 되다

의경세자(1438~1457)는 조선의 제7대 왕 세조(1417~1468)와 정희왕후 윤씨(1418~1483) 사이에서 2남 1녀 중 장남으로 1438년(세종 20년) 태어나 왕세자로 책봉되었다. 그러나 그는 왕위에 오르지 못하고 요절하고 말았다. 그 후 그의 아들이 왕이 되어 죽어서나마 추존왕이 되었다. 그를 추존왕이 되게 만들어준 왕이 바로 그의 차남 조선 제9대 왕 성종(1457~1494)이다. 의경세자는 실제로는 왕위에 오르지 못했지만, 추존왕이 되어 죽은 후 묘호가 올려졌다. 그의 묘호는 덕종이다.

조선의 추존왕은 창업추존왕과 일반 추존왕을 합하여 9명이다. 그들은 모두 죽어서 왕이 되었다. 창업 추존왕은 태조의 4대 조상으로 목조, 익조, 도조, 환조 등이고, 일반 추존왕은 왕위에 오르지 못하고 왕세자의 신분으로 세상을 뜬 덕종(의경세자), 진종(효장세자), 장조(사도세자), 문조(효명세자)와 반정으로 왕위에 올라 자신의 아버지를 왕으로 추존한 인조의 아버지 원종(정원군)이 있다.

사실 원종은 대원군으로 추존해야 맞다. 그런데 인조는 아버지를 왕으로 추존했다. 할아버지인 선조가 야단칠 일이다. 선조는 자신의 아버지를 끝내 왕으로 추존하지 못하고 대원군으로 추존했기 때문이다. 선조와 인조는 왕세자도, 왕세손도 아닌 서손의 신분으로 왕위에 올랐다. 그러나 인조는 자신의 아버지를 왕으로 추존했다. 인조의 배포가 할아버지 선조보다 더 두둑했기 때문이었을 것이다. 반정을 일으켜 삼촌인 광해군을 몰아내고 왕위에 올랐으니 말하면 무엇하랴.

가족 모두 단종을 내쫓은 죄책감에 시달리다

무난하게 일반 추존왕 제1호가 된 의경세자는 1455년(세조 원년) 아버지 수양대군(세조)이 제6대 왕 단종(1441~1457)을 몰아내고 왕위에 오르면서 왕세자로 책봉되었다. 그리고 그 해에 한확의 딸(소혜왕후 한씨)과 혼례를 올렸다. 의경세자는 부인 1명에 후궁 3명을 두었으며 소혜왕후

● 단종의 유배길에서 만난 쉼터다. 표석 뒤로 한양을 바라보고 있는 단종의 동상이 보인다. 단종은 세조의 명에 의해 1457년(세조 3년) 노산군으로 강등되어 유배길에 올랐다. 현재 그 유배길을 강원도 원주시 신림면 황둔리의 솔치재에서 영월 청령포까지 43km를 재현해 놓아 누구나 그 길을 걸어볼 수 있다.

한씨(1437~1504)와의 사이에 월산대군(1454~1488)과 성종(1457~1494), 그리고 명숙공주(1455~1482)를 낳았다.

의경세자는 1455년(세조 원년) 세자로 책봉된 지 2년 만인 1457년(세조 3년) 음력 9월 2일, 20세로 요절했다. 그가 죽고 난 후 그의 동생 해양대군(예종)이 왕세자로 책봉되었다. 그리고 조선의 제7대 왕 세조가 세상을 뜨면서 그의 동생이 왕위를 계승했다. 그러나 그의 동생 예종(1450~1469)이 1년 2개월 만에 세상을 떠나게 된다. 그리하여 그의 차남 자산군이 1469년 11월 조선의 왕으로 등극했다. 그가 바로 제9대 왕 성종이다.

그의 차남 성종은 그가 사망하기 한 달가량 전에 태어났다. 원래 성종은 1461년(세조7년) 자산군으로 봉해졌다가 1468년(세조14년) 잘산군으로 개봉되었다. 잘산군으로 개봉된 자산군이 왕위에 오름에 따라 1470년(성종 원년) 의경세자는 추존왕 1호가 되었다.

의경세자는 어려서부터 학문을 즐기고, 특히 해서에도 능했다고 한

● 제6대 왕 단종은 삼촌인 세조에게 왕위를 빼앗기고 강원도 영월의 청령포로 유배를 떠났다. 원주와 영월의 경계 지점인 솔치재부터 청령포까지 '통곡의 길', '충절의 길', '인륜의 길'로 나누어 유배길을 잘 조성해놓았다. 안내 이정표와 청령포의 모습이다. 풍경이 아름다우나 단종의 슬픔과 아픔이 구석구석 배어있는 길이다. 유배길 종점인 청령포를 휘감으며 동강은 예나 지금이나 무심히 흐르고 있다. 동강이 흘러가듯 역사도 많이 흘렀다.

다. 하지만 병약한 육체를 가진 바람에 항상 잔병치레를 해야만 했다. 그의 죽음을 두고 야사에서는 단종이 왕의 자리를 그의 아버지 세조에게 빼앗기고 억울하게 죽자 단종의 어머니 현덕왕후 권씨(1418~1441)의 원한을 사서 죽게 되었다고 전한다. 그러나 의경세자가 단종보다 먼저 사망하였으므로 이 말은 허구임을 알 수 있다.

강원도 영월 청령포에 유배되어 있던 단종은 의경세자가 1457년 음력 9월 2일 죽고 난 다음 달인 음력 10월 24일에 사망했다. 혹 세조가 왕세자로 책봉되어 있던 자신의 아들이 죽게 되자 단종이 왕으로 복위될까봐 두려운 마음에 서둘러 죽인 것은 아닌지도 모르겠다. 세조가 조선의 왕들 중 연산군 다음으로 욕을 많이 먹고 있는 왕이니 그런 짐작이 가는 것은 당연하지 않을까. 단종은 의경세자의 사촌동생으로 의경세자보다 3세가 어리다. 그는 아버지 세조로 인하여 사촌동생인 단종과도 원수지간이 될 수밖에 없었다.

● 단종의 유배길 중 강원도 영월군 주천면에 있는 고개 군등치와 방울재이다. 군등치에 그 유명한 자규시(子規詩)가 새겨져 있다.

세조의 가족도 사람인지라 단종을 살해한 후 죄책감에 많이 시달린 것으로 알려져 있다. 의경세자가 죽기 전 늘 단종의 어머니 현덕왕후 권씨(1418~1441)의 혼령에 시달렸으며, 그 때문에 21명의 승려가 1457년(세조 3년) 음력 7월 28일 경회루에서 그의 쾌유를 비는 공작재孔雀齋를 베풀기도 했다. 하지만 그는 끝내 쾌유되지 못하고 병세가 악화되어 죽고 말았다. 이 때문에 세조는 현덕왕후 권씨의 무덤을 파헤쳐 관을 파낸 뒤 바닷가에 내다버렸다고 전해지고 있다. 그녀가 죽은 지 16년이 흘렀을 때의 일이다. 세조는 '도둑이 제 발 저리다'는 말의 의미를 확실하게 일깨워주었다.

아들을 훌륭히 키워낸 부인을 두다

의경세자 부인 한씨(1437~1504)는 1437년(세종 19년) 서원부원군 한확과

● 제7대 왕 세조의 장남인 의경세자와 소혜왕후 한씨가 잠들어 있는 서오릉의 경릉 전경이다. 경릉은 동원이강릉으로 조성되어 정자각이 두 능침의 중앙에 설치되어 있다. 추존왕 덕종은 상석인 정자각의 왼쪽이 아닌 오른쪽 언덕 위에 잠들어 있다. 좌상우하의 원칙을 따르지 않은 조선왕릉 최초의 왕릉이다.

의경세자가 요절하자 그해 풍수지리설에 따라
길지로 추천된 현재의 위치에 그를 안장했다. 그 후 47년을
더 살다 1504년 승하한 그의 부인 소혜왕후 한씨가
그의 왼쪽 언덕에 안장되었다. 우리가 정자각에서 바라보았을 때
왕은 왼쪽에, 왕비는 오른쪽에 안장되는 것이 상례인데 여기는
반대로 조성되었다. 왕비의 능이 상석인 왼쪽에 자리하고 있다.

남양부부인 홍씨의 3남 6녀 중 막내딸로 태어났다. 그녀는 세조의 큰 아들(의경세자)인 추존왕 덕종(1438~1457)의 비로 제9대 왕 성종을 낳아 왕으로 만들었다. 그리하여 조선왕조 최초로 살아서 추존왕비가 되었다. 그녀의 본관은 청주이다.

그녀는 인수대비로 더 잘 알려져 있다. 그녀는 좌리공신 한치인의 누이동생으로 명문가문 출신이다. 그녀의 큰고모는 당시 명나라 영락제의 후궁 강혜장숙여비康惠莊淑麗妃였으며, 작은고모 역시 선덕제의 후궁 공신태비恭愼太妃였다. 큰고모가 영락제 사후 순사되었는데, 절개를 높이 평가한다는 명목으로 명나라 선덕제는 그녀의 둘째 고모를 후궁으로 맞았다. 또한 그녀의 언니는 세종의 둘째 서자인 계양군과 혼인하는 등 그녀의 가문은 명나라와 조선 양국의 왕실과 인척관계를 맺었다. 친정아버지 한확은 명나라와의 외교를 전담하던 당시의 외교관으로서 명나라의 신뢰를 바탕으로 출세가도를 달렸다.

그녀는 1455년(세조 1년) 왕세자빈으로 간택되어 수빈에 책봉되었으나 남편 의경세자가 20세에 요절함으로써 왕비에 오르지 못하고 사가로 물러났다. 그녀는 친정아버지 한확의 객사와 함께 의경세자가 갑자기 요절하는 두 가지 슬픔을 한꺼번에 겪어내야만 했다. 겹 불행이 찾아온 그녀는 궁궐마저 떠나 생활하게 되었다. 이를 안쓰럽게 여긴 세조는 그녀를 특별히 총애하여 궁궐에 살도록 허용했으나 스스로 사양했다고 한다.

하지만 그녀의 정치적 야심은 대단했다. 두 아들을 둔 그녀는 그 당시 권력이 하늘 높은 줄 몰랐던 한명회의 넷째 딸(공혜왕후 한씨)과 차남 자산군(성종)을 혼인시켜 한명회와 사돈관계를 맺고 자신의 아들이 왕위를 계승할 수 있도록 노력했다.

그녀는 친정 쪽으로 먼 친척인 한명회와 그 밖에 신숙주 등과 긴밀하게 교류했다. 이러한 노력의 결과로 예종의 뒤를 이어 그녀의 차남 자산군이 왕위에 오르게 되었다.

남편이 요절하는 바람에 대신 왕위에 오른 시동생 예종이 1년 2개월 만에 승하함으로써 그녀의 아들이 왕위를 잇게 되었다. 이는 사돈인 한명회의 강력한 추천과 시어머니 정희왕후 윤씨의 지지에 힘입었기 때문이다.

당시 예종(1450~1469)과 안순왕후 한씨(1445?~1499) 사이에 태어난 제안대군(1466~1525)이 원자로 책봉되어 있었다. 그런데 그 원자를 제치고 그녀의 차남인 성종이 즉위하게 되었다. 원자인 제안대군이 4세밖에 안 되었기 때문이다.

● 인수대비가 연산군으로 인해 승하한 창경궁 경춘전이다. 경춘전은 원래 대비의 침전이었으나 산실청으로도 쓰여 이곳에서 제22대 왕 정조와 제24대 왕 헌종이 태어났다. 현판 글씨는 제23대 왕 순조의 솜씨다.

아들이 왕이 되어 추존왕이 되다

의경세자의 차남 잘산군이 왕위에 오르면서 의경세자와 부인 한씨는 1469년(성종 즉위년) 왕과 왕후로 추존되었다. 이어서 의경세자의 부인 한씨는 대비가 되니 그 이름도 유명한 인수대비다.

의경세자 부부의 소생으로는 월산대군과 성종, 명숙공주가 있다. 인수대비 한씨는 성품이 곧고 학식이 깊어 아들 성종의 정치에도 많은 자문을 한 것으로 전해지고 있다. 또한 경전에 조예가 깊어 불경을 언해하기도 했고, 부녀자의 도리를 기록한《내훈》을 간행하기도 했다. 그녀는 불교 옹호론자로 불교 억압 정책에 강력 반발한 것으로 알려져 있다. 의경세자가 요절하여 안타깝긴 하나 부인은 엄청 잘 얻었다.

인수대비는 성종의 원비인 공혜왕후 한씨가 죽고 계비로 들인 폐비 윤씨가 아들 성종의 규방 출입을 질투하여 얼굴에 손톱자국을 내자 곧바로 며느리 윤씨를 폐비시킨 무시무시한 시어머니였다. 이 사건으로 훗날 손자인 연산군이 왕위에 올라 폐비사건에 관계한 사람들에게 박해를 가하게 되면서 피바람이 불기 시작했다. 그때 인수대비는 손자 연산군을 불러 몹시 꾸짖었다. 이에 분개한 연산군은 자신의 머리로 병상에 누워있던 할머니 인수대비의 머리를 치받고 말았다. 그 일이 있은 며칠 뒤 그녀는 후유증으로 병을 앓다가 창경궁의 경춘전에서 68세를

일기로 세상을 떠났다.

소혜왕후 한씨는 추존왕 덕종이 승하한 후 홀로 47년을 더 살다가 세상과 작별했다. 그야말로 자신의 아들을 왕으로 만든 어머니로서 누릴 것은 충분히 누리고 떠난 여인이다. 아들 성종은 소혜왕후 한씨 같은 어머니가 곁에서 지켜봐주었기에 왕이 될 수 있었고, 성군이 될 수 있었다.

그녀는 남편을 일찍 여의고, 며느리(폐비 윤씨)와 손자(연산군) 때문에 마음고생은 많이 했지만 그런대로 자신의 욕심을 다 채우고 떠난 여인이다. 남편이 왕위에 오르지 못한 대신 아들이 왕위에 올라 충분히 기쁨을 누렸다. 추존왕비이긴 해도 어느 왕비 못지않게 대접 받고 떠났다. 무엇보다 왕을 훌륭히 길러낸 어머니로서 남편 복은 없었지만 아들 복은 있었다.

왕이 상석이 아닌 그 오른쪽에 잠들다

덕종으로 추존된 의경세자의 능호는 경릉敬陵이며 그의 비 소혜왕후 한씨와 동원이강 형식으로 조성되어 있다. 의경세자가 요절하자 그해 풍수지리설에 따라 길지로 추천된 현재의 위치에 그를 안장했다. 그 후 47년을 더 살다 1504년(연산군 10년) 그의 부인 소혜왕후 한씨(인수대비)가 승하하자 그의 왼쪽 언덕에 안장되었다. 우리가 정자각에서 바라보았을 때 왕은 왼쪽에, 왕비는 오른쪽에 안장되는 것이 상례인데 여기는 반대로 조성되었다. 왕비의 능이 상석인 왼쪽에 자리하고 있다.

원래 왕릉을 쓸 때는 잠들어 있는 시신을 기준으로 우측에 왕을, 좌측에 왕비를 안장한다. 살아있을 때는 좌측이 상석이니 죽으면 그 반대라고 여겼던 것인데 경릉은 소혜왕후 한씨가 상석인 우측에 안장되어 있다. 이것은 승하할 당시의 신분차이 때문이다.

추존왕 덕종의 경우는 승하할 때 왕세자의 신분이었지만 소혜왕후 한씨의 경우는 왕실의 최고 어른인 대왕대비로서 승하했기 때문에 군신관계에 따라 소혜왕후 한씨가 위가 된다. 능상의 석물 또한 문석인만을 갖춘 추존왕 덕종과 달리 소혜왕후 한씨의 경우 무석인까지 갖추고 있다. 그녀는 죽어서까지도 힘을 과시하고 있다. 추존왕 덕종의 능침에는 난간석은커녕 망주석조차 없을 정도로 초라하다. 왕릉 중 망주석이

없는 왕릉은 42기 왕릉 중 추존왕 덕종의 경릉과 예종의 원비인 장순
왕후 한씨의 공릉뿐이다.

의경세자(추존왕 덕종)는 서오릉 능역에 가장 먼저 입주한 주인공이다.
그는 요절하였지만 훌륭한 부인을 두어 아들을 왕으로 만들었기에 왕
의 아버지가 되어 죽어서라도 왕으로 추존될 수 있었다. 그러니 무덤이
5명의 일반 추존왕들 무덤보다 훨씬 초라한들 무슨 불만이 있겠는가.
앞서 말했듯이 의경세자의 능침은 정자각에서 볼 때 오른쪽으로 동쪽
에 자리해 있다. 그렇기에 눈이 내리면 추존왕 덕종의 능침은 눈이 잘
녹지 않는다. 그와 달리 왼쪽에 있는 소혜왕후 한씨의 능침에는 서쪽에
자리하여 햇살이 더 오랫동안 머물러 눈이 금세 녹는다. 왼쪽에 왕의
능침을 조성한 이유가 다 있었던 것이다.

대부분 왕릉의 오른쪽에 잠들어있는 왕비들 능침에 내린 눈은 오랫
동안 잘 녹지 않았다. 반면 왼쪽에 잠들어 있는 왕들의 능침에 내린 눈

● 경릉의 비각에는 다른 왕릉과 달
리 '조선국 덕종대왕경릉 소혜왕후부
우강'이라 쓰여 있다. 왕비가 왼쪽 언
덕이 아닌 오른쪽 언덕에 잠들어 있기
때문에 부좌강이 아니라 부우강이라
쓰여 있다. 요절한 왕세자 1호인 의경
세자가 상석을 부인 소혜왕후 한씨에
게 내주었다.

● 정자각 오른쪽에 자리한 비각과 수복방이다. 돌로 쌓은 수복방의 벽이 무척이나 아름답다.

은 며칠 안 가서 다 녹았다. 왕비가 잠들어 있는 오른쪽보다 왕이 잠들어 있는 왼쪽이 일조량이 더 많기 때문이다. 한겨울 왕릉답사를 하면서 왕을 얼마나 대단하게 여겼는지 알 수 있었다.

선조들은 그 사실을 알고 왼쪽에 왕의 능침을 조성했을 것이다. 왕릉을 정자각에서 바라보면 왼쪽이 서쪽이고, 오른쪽이 동쪽인 경우가 대부분이다. 왕릉 중 경릉만 오른쪽인 동쪽에 왕의 능침을 조성했다. 눈이 내린지 며칠이 지나 찾아갔지만 소혜왕후 한씨의 능침과 달리 의경세자(추존왕 덕종)의 능침에는 눈이 하얗게 덮여 있었다. 경릉은 경기도 고양시 덕양구 서오릉로 334-92 서오릉 능역 안에 위치해 있다.

의경세자는 세조의 장자로 태어나 사촌동생인 단종을 몰아낸 아버지 덕분에 왕세자로 책봉되었다. 그는 왕위 서열 1위로 큰 변고만 없으면 세조의 왕위를 이을 왕세자였다.

하지만 세상은 세조의 뜻대로 되지 않았다. 의경세자가 왕세자로

● 의경세자의 능침(왼쪽)은 그의 비 소혜왕후 한씨의 능침(오른쪽)에 비해 초라하다. 석물들만 비교해도 아주 많이 차이가 난다. 소혜왕후 한씨의 능침에는 호석도 두르지 않은 덕종의 능침과 달리 난간석이 둘러져 있고 무석인도 세워져 있다. 경릉은 좌상우하의 원칙에 어긋나게 조성된 왕릉이다. 여성상위 시대가 올 줄 알고 왕비릉을 높게 조성할 리는 없고 죽을 당시의 신분차이 때문이다. 의경세자는 왕세자의 신분으로 죽었고 부인 한씨는 대비의 신분으로 죽었기 때문이다.

책봉된 후 병을 얻어 시름시름 앓다가 단종보다 한 달 정도 먼저 세상을 떠났다. 의경세자는 병으로 사망했고, 한 달 정도 뒤 단종은 세조가 내린 사약을 받고 사망했다. 세조는 의경세자도 사망했으니 단종 복위운동을 벌이다 발각되어 사사한 제2, 제3의 금성대군(1426~1457)과 같은 인물이 또 나오지 않을까 불안해 서둘러 단종을 죽였을 것이다.

세종의 6남 금성대군은 단종 복위운동을 경북 순흥에서 펼치다 단종보다 3일 먼저 음력 10월 21일 사사되었다. 《조선왕조실록》에는 단종이 17세의 어린 나이로 자살했다고 기록되어 있는데, 일설에는 사약을 받았다고도 하고, 교살당했다고도 한다. 의경세자 역시 단종에 대한 미안함이 많았을 것이다.

● 금성대군은 단종복위 운동에 연루되어 경북 순흥에 위리안치되었는데 그곳에서 또다시 단종 복위를 도모하다가 실패하여 순절하게 되었다. 그곳에 넋을 기리기 위해 마련된 금성단의 삼문과 비석이 있다.

● 왕이 되지 못하고 요절한 비운의 왕세자 의경세자의 아버지 세조가 묻힌 광릉은 조선 최초의 동원이강릉으로 조성되었다. 정자각을 중심으로 왼쪽 언덕에 세조가 오른쪽 언덕에 그의 비 정희왕후 윤씨의 능침이 각각 자리하고 있다.

사람은 죄짓고 아무렇지 않게 살아가기는 어렵다. 그러니 의경세자도 아버지로 인해 왕위에서 쫓겨난 단종 생각에 마음 편할 날이 없었을 것이다. 거기다 첩첩산중 강원도 영월 청령포로 유배를 갔으니 그래도 할아버지 세종과 할머니 소헌왕후 심씨에게는 같은 손자들인데 어찌 탈이 안 나겠는가. 의경세자도 연산군 아들 폐세자 이황과 광해군 아들 폐세자 이지와 마찬가지로 아버지를 잘못 둔 비운의 왕세자였다. 그는 아버지 세조가 피를 나눈 삼촌들은 물론 집현전 학자들 대부분을 살해 했음에도 폐왕이 되지 않은 덕분에 폐세자가 되지 않아 살해당하지 않 은 것만 해도 천운이 아닐까 싶다.

그 무시무시한 아버지 세조와 어머니 정희왕후 윤씨는 그와 멀리 떨어진 광릉에 잠들어 있다. 광릉은 왕릉 조성에 들어가는 경비를 절감 하라는 세조의 뜻에 따라 정자각을 함께 쓰는 동원이강 형식을 따른 왕 릉이다. 정자각을 사이에 두고 왕과 왕비가 각각 다른 언덕에 잠들어 있다.

적통의
왕위 계승을 무너트리다

순회세자 이부
(제13대 왕 명종의 아들)

명종의 적장자로
유일한 아들이 태어나다

순회세자(1551~1563)는 1551년(명종 6년)에 조선의 제13대 왕 명종(1534 ~1567)과 인순왕후 심씨(1532~1575) 사이에서 외아들로 태어나 왕세자로 책봉되었다. 그는 1557년(명종 12년) 7세 때 왕세자가 되었지만, 요절하여 왕위에 오르지 못했다. 더구나 왕이 될 아들을 낳아놓지 못하여 왕으로 추존되지도 못했다.

순회세자는 윤원형의 추천으로 참봉 황대임의 딸과 혼담이 오갔으나 그녀가 병약하여 1년 넘게 가례를 미루자 1559년(명종 14년) 9세에 윤옥의 딸로 왕세자빈이 교체되어 가례를 올렸다. 빈궁을 책봉하는 의

● 조선왕조가 문을 연이래 적통의 왕위 계승을 무너트린 순회세자와 그의 빈 공회빈 윤씨가 잠들어 있는 순창원
이다. 순회세자는 조선의 제13대 왕 명종의 외동아들이다.

식인 책빈례冊嬪禮까지 마치고 가례를 미루어온 황대임의 딸은 궁녀 직
인 양제良娣로 강등되었다. 책빈례가 끝나면 왕세자는 왕세자빈의 집
으로 가서 친영례親迎禮를 행한 다음 궁궐로 데리고 와서 가례를 올리
게 된다. 그런데 책빈례까지 마치고 결혼을 미루었으니 명종이 화가 많
이 났던 모양이다. 할머니 문정왕후 윤씨(1501~1565)가 더 그랬을 것이
다. 순회세자에게 왕세자빈을 추천해준 윤원형은 그의 할머니 문정왕
후 윤씨의 남동생이다.

　그 후 순회세자는 1563년(명종 18년) 윤옥의 딸과 가례를 올린 지 4년
만에 후사도 잇지 못하고 13세의 어린 나이에 세상을 떠났다. 명종은
슬하에 자식이라고는 순회세자 뿐이었다. 이에 명종에 이어 제11대 왕
중종의 서손 하성군(선조)이 왕통을 잇게 되었다. 하성군은 명종의 이복

형 덕흥대원군(1530~1559)의 3남으로 조선 제14대 왕이 되었다. 그가 바로 선조(1552~1608)이다.

그동안 건국시조 태조 때부터 이어오던 적통의 왕위계승 시대는 제13대 왕 명종으로 끝이 났다. 명종이 더는 아들을 얻지 못하여 왕위계승이 방계혈통으로 넘어갈 수밖에 없었다. 명종은 후궁의 소생도 없었다. 그리하여 방계혈통에서 왕을 찾을 수밖에 없었다. 명종이 후궁의 아들들이 왕위에 오를 수 있는 자리를 마련해준 셈이다.

그동안 서자들은 아버지는 왕이어도 어머니가 왕비가 아니었기에 엄청난 적서차별을 당하며 살아가야만 했다. 왕위에 오르는 것은 상상도 할 수 없었다. 그러니 왕은 왕비가 아들을 낳지 못하면 노심초사할 수밖에 없었다. 후궁이 낳은 아들이 아무리 많이 있어도 적자가 아니기 때문에 그랬다.

그런데 명종이 그 전통을 깨게 된 것이다. 후궁으로 숙의 이씨가 있었지만 슬하에 자녀를 두지 못했다. 후궁의 소생도 남기지 못하고 명종은 아쉬움 속에 세상을 떠났다. 그리하여 적통으로 이어온 왕위 계승은 명종 대에서 막을 내릴 수밖에 없었다.

명종에게 유일한 아들이었던 순회세자는 할머니 문정왕후 윤씨가 덕을 쌓지 못하여 일찍 죽었을지도 모른다. 문정왕후 윤씨는 자신의 아들을 왕위에 올리기 위해 윤여필의 딸인 중종의 제1계비 장경왕후 윤씨(1491~1515)의 소생인 인종(1515~1545)을 시도 때도 없이 괴롭혔다.

인종은 중종의 적자 중 장남으로 태어나 제12대 왕이 되었지만 서모인 문정왕후 윤씨의 갖은 구박으로 왕들 중 가장 짧은 8개월의 재위 기간을 채우고 의문사했다. 중종의 제1계비 장경왕후 윤씨의 소생이었던 인종이 죽게 된 이유는 중종의 제2계비 문정왕후 윤씨 때문이라고 하는 설이 압도적이다.

순회세자의 죽음은 그에게는 너무 미안한 일이지만 할머니 문정왕후 윤씨의 죄 값을 치른 것일지도 모른다. 그녀의 유일한 손자 순회세자가 세상을 떴을 때 그녀 스스로 인생을 좀 돌아보았는지 모르겠다.

죄를 지으면 죽기 전 그 벌을 다 받는다는 것을 그녀가 깨닫고 죽었는지도 궁금하다. 명종의 뒤를 이을 하나뿐이었던 적자가 죽었으니 얼마나 기가 막혔을지는 물어보나 마나다.

순회세자가 요절한 2년 뒤 1565년(명종 20년) 문정왕후 윤씨가 죽었다. 그리고 1567년(명종 22년) 그녀를 여왕 이상의 권력을 거머쥐게 해주었던 아들 명종이 세상을 떠났다. 명종이 그녀보다 뒤에 죽은 게 그나마 천운이었다. 그녀가 조금 더 살았으면 손자를 앞세우고 아들도 앞세울 뻔했다.

● 제향을 마친 뒤 축문을 태우는 순창원의 예감(좌)조차 왠지 슬퍼 보인다. 순창원의 신도(우)가 정자각 뒤 신교와 연결되어 능침으로 향하는 사초지와 이어져 있다. 이 길 또한 슬프게 보인다.

● 순회세자는 명종의 왕위를 이을 유일한 아들로 태어났지만 13세에 그만 요절하고 말았다. 그런데 순창원의 봉분 바로 앞에 세워져 있는 장명등 창으로 앞을 내다보면 정자각이 마주 보이지 않고 솔숲이 보인다. 정자각에서도 봉분의 앞이 아닌 옆구리가 보인다. 문석인과 석마의 뒷모습이 보일 뿐이다. 풍수에 따라 순창원을 동쪽으로 좀 틀어서 조성했다고 한다. 왕릉 중에는 조선의 마지막 왕 순종의 능침이 이렇게 조성되어 있다.

순회세자는 그의 빈 공회빈 윤씨와 순창원에 잠들어 있다.
순창원은 요절한 두 번째 왕세자의 무덤이다. 순회세자는 4년 동안
부부로 살았던 그의 부인 공회빈恭懷嬪 윤씨와 함께 안장되어 있다.
공회빈 윤씨는 처음에는 시신이 없어 신주神主만 안장되었으나
그마저도 병자호란 때 분실되어 현재는 그녀의 빈 관만이
그녀를 대신하고 있다.

요절한 순회세자보다 더 불쌍한 여인이 그의 빈 공회빈 윤씨(?~1592)다. 공회빈 윤씨는 순회세자를 먼저 떠나보내고, 30년가량 더 살다가 41세쯤인 1592년(선조 25년) 음력 3월 3일에 세상을 떠났다. 이때 임진왜란이 일어나는 바람에 공회빈 윤씨의 장례를 미루게 되었고, 시신을 궁궐 후원에 임시 가묘로 써놓았다. 그러나 그 가묘는 전쟁 때 이미 파헤쳐지고 없었다. 그 후 1603년(선조 36년)이 되어서야 그녀의 신주가 만들어지게 되었다. 시신마저 사라진 공회빈 윤씨의 운명이야말로 기구한 운명이 아닐 수 없다.

순회세자는 그의 빈 공회빈 윤씨와 순창원에 잠들어 있다. 순창원은 요절한 두 번째 왕세자의 무덤이다. 순회세자는 4년 동안 부부로 살았던 그의 부인 공회빈恭懷嬪 윤씨와 함께 안장되어 있다. 공회빈 윤씨는 처음에는 시신이 없어 신주神主만 안장되었으나 그마저도 병자호란 때 분실되어 현재는 그녀의 빈 관만 그녀를 대신하고 있다. 순회세자와 공회빈 윤씨의 빈 관이 묻혀있는 순창원은 경기도 고양시 덕양구 서오릉로 334-92 서오릉 능역 안에 있다.

● 순창원은 순회세자가 세상을 뜬 후 30년을 독수공방하다 세상을 뜬 공회빈 윤씨가 순회세자와 함께 잠들어 있다. 임진왜란이 일어나 윤씨의 시신이 소실되어 빈 관만 묻었다. 순창원도 추존왕 덕종의 경릉처럼 망주석이 세워져 있지 않다. 순창원을 지키고 있는 문석인과 석마는 소년의 모습 같다. 그들의 표정이 한없이 슬프다.

● 순회세자가 일찍 죽는 바람에 제1대 왕부터 이어온 적통 왕위 승계를 깨트리고 만 순회세자를 낳은 제13대 왕 명종과 인순왕후 심씨의 능침이다. 그런대로 평화로워 보인다.

　474년 동안 이어온 고려 왕조를 무너트리고 1392년 문을 연 조선 왕조는 건국왕 태조부터 제13대 왕 명종 대까지 적통으로 왕위계승을 이어왔다. 왕과 왕비 사이에 태어난 왕자만이 왕위에 오를 수 있었다. 그런데 명종의 유일한 아들 순회세자가 일찍 세상을 뜨는 바람에 더는 적통 승계가 어려워졌다. 명종에게 후궁은 있었지만 후궁에게서도 자녀를 한 명도 얻지 못했다.

　그리하여 제14대 왕을 중종의 서손이 맡을 수밖에 없게 되었다. 한 명의 아들도 남겨놓지 못한 명종과 그의 비 인순왕후 심씨는 태·강릉의 강릉에 나란히 잠들어 있다. 태릉에는 악비로 소문난 중종의 제2계비 문정왕후 윤씨가 잠들어 있는데 그녀는 순회세자의 할머니이자 명종의 어머니다.

새로운 세상에 눈을 떠
죽음을 앞당기다

소현세자 이왕
(제16대 왕 인조의 아들)

인조의 적장자로
태어나 의문사하다

소현세자(1612~1645)는 조선의 제16대 왕 인조(1595~1649)와 원비 인열왕후 한씨(1594~1635)와의 사이에 5남 중 장남으로 1612년(광해군 4년) 태어나 왕세자로 책봉되었다. 그는 1625년(인조 3년) 14세 때 왕세자가 되었다. 그러나 의문사하는 바람에 왕위에 오르지 못했다. 그의 아들이 세 명이나 있었지만 한 명도 왕이 되지 못해 왕으로 추존되지도 못했다.

소현세자는 1627년(인조 5년) 강석기의 딸과 혼인했다. 그해 일어난 정묘호란 때는 전주로 내려가 남도의 민심을 수습하기도 했다. 그 후 그는 1636년(인조 14년) 음력 12월부터 1637년(인조 15년) 음력 1월 사

● 남한산성에 복원된 행궁의 정문 한남루다. 이 문은 한강 남쪽 제1의 문이다. 이 행궁에는 다른 곳과 달리 종묘 사직 위패 봉안 건물을 갖추고 있는 것이 특징이다. 한편 이곳은 1636년(인조 14년) 병자호란 당시 인조가 머물던 곳으로 뼈아픈 역사가 배어 있다. 인조는 12만 군사를 이끈 청나라와 1만 3천여 군사로 맞서다가 47일 만에 끝내 청 태종 앞에 삼배구고두례로 항복할 수밖에 없었다.

이에 일어난 병자호란 당시 삼전도에서 아버지 인조가 굴욕적인 항복을 한 후 동생인 봉림대군, 인평대군 및 척화파 대신들과 함께 중국의 심양(선양)에 인질로 잡혀갔다. 이들은 청나라 군대를 따라 인조와 신하들의 눈물 속에 조선을 떠난 지 60여 일 만에 청나라 황제가 있는 심양에 도착했다.

병자호란은 청나라가 정묘호란에 이어 조선을 2차로 침입함으로써 발발한 전쟁으로 조선의 전쟁 역사상 가장 큰 패배 중 하나라고 할 수 있다. 소현세자의 아버지 인조는 청군이 들이닥치자 2남인 봉림대군(제17대 왕 효종)과 3남인 인평대군, 비빈종실妃嬪宗室 등을 다시 강화도로 피난가게 했다.

하지만 인조는 소현세자와 조정의 문무백관과 더불어 길이 막혀 강화도로 가지 못하고, 남한산성으로 들어가 청에 항거했다. 남한산성에서 1만 3천여 명의 군사로 진을 쳤지만 세력의 열세로 12만 명이나 되는 청군을 물리칠 수 없었다.

한겨울 인조는 추위와 굶주림을 버티면서 싸웠지만 47일 만에 결국 청에게 항복하고 말았다. 조선의 국왕 인조는 한강 가에 있는 삼전도를 찾아가 청나라 태종 앞에 무릎을 꿇고 '군신 관계'를 맺는 한편, 소현세자와 봉림대군, 인평대군 등을 청에 인질로 보내야 했다. 이때 척화론을 펼치던 홍익한, 오달제, 윤집 등도 함께 청으로 끌려갔다. 1637년(인조 15년) 음력 1월 30일의 일을 두고 '정축국치'라고 일컫는다. 이는 1910년 양력 8월 29일, 일본제국에게 나라를 빼앗겼던 '경술국치'와 더불어 조선의 2대 국치라 할 수 있다.

인조 삼배구고두례로 무릎꿇다

인조는 치욕적인 모습으로 청나라의 태종 앞에 소복을 입고 무릎을 꿇었다. 무릎만 꿇은 게 아니었다. 청나라 태종은 인조에게 한 번 절할 때마다 이마를 땅바닥에 세 번 부딪치기를 3회에 걸쳐 반복하는 '삼궤구고두三跪九叩頭' 혹은 '삼배구고두三拜九叩頭'의 항복례를 올릴 것을 요구했다.

문헌에 의하면 청나라 태종은 자신이 앉아 있는 단에서 1백보 앞까지 자갈을 깐 뒤 인조로 하여금 죄인이 입는 베옷을 입고 엎드려 기어

오도록 한 후, 단에 이르러서는 "대죄를 용서하여 주소서"라고 빌면서 '삼배구고두례三拜九叩頭禮'를 행하도록 했다고 한다. 이에 인조의 무릎이 까지고 머리를 부딪혀 이마에 선혈이 낭자했음에도 불구하고 배석한 청나라 관리들이 머리 부딪치는 소리가 작다며 더 세게 박으라고 외쳤다고 전해진다.

기가 막힐 노릇이었다. 인조는 언 땅에 머리를 부딪치면서 자존심을 다 팔아 청나라 태종에게 항복례를 했다. 일국의 왕이 이런 굴욕을 당한다는 것은 참으로 가슴 아픈 일이다. 인조는 신하들이 지켜보는 앞에서 그동안 오랑캐라고 멸시하던 청나라에 무릎을 꿇은 것이다.

청나라는 조선 전기까지 조공을 바쳐오던 여진족이었다. 명나라가 어지러운 틈을 타 급속 성장하여 후금을 건국하고, 세력을 확장하여 조선을 침략하는 등 압력을 행사하면서 관계가 원만하지 못했다.

어찌되었거나 조공을 바쳐오던 나라가 조선을 손아귀에 쥐고 흔드는 위치가 되어 왕까지 가지고 놀았다. 나라의 이름을 청으로 바꾼 여진족이 조선에 신하로서의 예를 갖출 것을 요구하기에 이르렀던 것이다. 조선과 청나라가 주객전도主客顚倒된 꼴이다. 남한산성에 머물며 항전하던 인조가 청나라의 군대가 머물고 있는 한강 가의 삼전도 나루터로 찾아가 항복례를 하면서 군신 관계의 강화협정을 맺고 말았다.

병자호란이 끝난 뒤 청나라 태종은 한 술 더 떠 자신의 공덕을 새긴 기념비를 삼전도에 세우도록 강요했고, 그 치욕의 흔적이 삼전도비에 고스란히 남아 역사로 전하고 있다. 이 비는 1639년(인조 17년) 높이 3.95m, 폭 1.4m로 세워졌는데 3개국의 언어가 새겨져 있다. 비석 앞면의 왼쪽에는 몽골 글자, 오른쪽에는 만주 글자, 뒷면에는 한자로 쓰여 있어 만주어 및 몽골어를 연구하는 데도 중요한 자료가 되고 있다. 비문은 이경석이 짓고, 글씨는 오준이 썼으며, '대청황제공덕비'라는 제목은 여이징이 썼다. 이 비문에 제목과 글을 짓고, 글씨를 쓴 이들은 죽어서도 수없이 욕을 먹었다. 그들은 이미 욕을 먹을 것을 알고 있었을 것이다. 현재 서울특별시 송파구 잠실동에 삼전도비라 불리는 치욕의 흔적 '대청황제공덕비'는 석촌 호수를 바라보고 있다.

삼전도비는 물속과 땅속에 몇 번이나 묻히는 수난을 겪었다. 조선

● 삼전도비와 비신 없는 귀부가 그 날의 치욕을 말해주고 있다.

의 왕뿐 아니라 우리 민족 모두를 치욕스럽게 만든 삼전도비다. 그랬기에 청일전쟁으로 청이 약해진 틈을 타서 고종이 그 삼전도비를 1895년(고종 32년) 한강 물속에 처넣어버렸다. 그런데 1913년 일제강점기에 접어들면서 일제가 조선의 약했던 과거를 보여주기 위해 그 비를 찾아 다시 세웠다.

일본 역시 청나라 못지않게 우리 민족의 가슴을 많이도 아프게 했다. 1945년 일본에게 강제로 빼앗겼던 나라를 다시 찾으면서 그 치욕적인 비를 아예 땅속에 묻어버렸다. 그랬던 비가 1963년 홍수로 얼굴을 내밀었다. 기가 막힐 일이다. 그 후 치욕적인 역사이긴 하지만 교훈으로 삼자는 의미에서 다시 그 비를 세우게 되었다. 삼전도비가 오뚝이도 아니고 우리나라와는 악연 중의 악연인데 무슨 조화인지 알 수 없는 노릇이다.

원래는 청나라 태종에게 인조가 항복례로 삼배구고두례三拜九叩頭禮를 하는 모습을 그린 동판이 청나라 태종의 공덕비인 삼전도비 옆에 붙어있었다. 국사 교과서를 통해 나도 그 동판에 새겨진 그림을 본 적 있다. 그러다 한동안 그 동판이 없어졌다. 정부에서 제거했기 때문이다.

그런데 1982년 문화재관리국(현 문화재청)에서 '다시는 이런 역사가 되풀이되지 않도록 해야 한다'면서 그 그림을 다시 붙여놓았다고 한다. 하지만 삼전도비가 현재의 자리로 옮겨오면서 그 동판은 아예 보이지 않는다. 동판에 새겨진 그림을 보면 치욕적이긴 해도 애국심이 생겨났던 것이 사실이다. 그런데 왜 치웠는지 모르겠다. 하긴 후손들에게 보여주기에는 너무나 치욕적이라 좀 부끄럽긴 하다.

아버지에 버림 받은 소현세자의 안타까운 죽음

인조는 그런 치욕적인 항복례를 했으면서도 47일간 인조의 곁을 지켰던 소현세자와 봉림대군(조선 제17대 왕), 인평대군(1622~1658) 등을 인질로 잡혀가게 만들었다. 그러니 조선의 제16대 왕 인조는 억울함에 매일매일 분통을 터트렸을 것이다.

다행히 3남인 인평대군은 이듬해에 돌아왔으나 소현세자와 봉림대군은 8년 뒤에나 귀국했다. 이들은 모두 인조의 원비 인열왕후 한씨 소생이다. 조선은 임진왜란 이후 다소 수습되었던 국가 기강과 경제 상태가 병자호란으로 다시 악화되어 민생은 피폐해지고 백성은 굶주림으로 제대로 살아갈 수가 없었다.

게다가 인조는 삼전도에서 당한 치욕을 이겨내지 못하고 반청의 색깔을 더욱 짙게 드러내는 한편, 망해가고 있는 명나라에 대한 사대주의 노선을 한층 강화시켰다.

하지만 청나라에 인질로 끌려가 있는 소현세자는 인조와 생각이 달랐다. 그러니 친청주의자가 된 소현세자를 인조가 좋아할 리 없었다.

소현세자는 1637년(인조 15년) 인질로 청에 잡혀가 있다가 1644년 (인조 22년) 11월 청의 옛 수도인 심양을 출발하여 1645년(인조 23년) 2월 34세의 혈기 왕성한 나이에 고국인 조선으로 돌아왔다. 소현세자는 인질생활을 마치고 돌아왔지만 인조와의 사이가 너무 안 좋았다. 친청주의자가 된 아들에 대한 반감이 있던 차에 후궁들 중 숭선군(1639~1690)과 낙선군(1641~1695)등 2남을 낳은 귀인 조씨(1617~1651)의 이간질이 인조와의 관계를 더욱 악화시켰다. 인조는 귀인 조씨의 말이라면 '팥으로 메주를 쑨다'해도 믿었다. 급기야 인조는 소현세자가 조선의 국왕으로서 부적격하다고 판단하기에 이른다.

이런 상황에서 소현세자는 돌아온 지 2개월 만인 4월 26일에 죽고 말았다. 청에서 돌아와 병으로 드러누웠는데 3일 만에 의문의 죽음을 당했다. 이때 온몸이 새까맣게 변해 있었고, 뱃속에서는 피가 쏟아졌다고 한다. 이러한 기록에 따라 일부 학자들은 그가 아버지인 인조에 의해 독살되었을 것이라 추측하고 있다. 인조의 특별 추천을 받아 들어온 의관이 이틀에 걸쳐 침을 두 번 놓았는데 죽었다 하니 그 당시 정황으로 보면 인조가 의심받을 만하다. 인조 23년 4월 23일《인조실록》권 46에는 "새벽에 의관 이형익이 침을 놓아서 학질(말라리아)의 열을 내리

● 경기도 포천에는 인조의 3남 인평대군의 묘소와 신도비가 있다.

● 조선의 제16대 왕 인조의 장남 소현세자가 잠들어 있는 소경원에서 내려다 본 풍경이다. 정자각은 6·25때 불타 터의 흔적만 남아있고, 정자각 뒤부터 능침 공간까지 연결되는 강은 푹 꺼져 있다. 저 멀리 마주 보이는 앞산에 아버지 인조에 의해 어린 나이에 세상을 떠난 두 아들 경선군 석철과 경완군 석린이 잠들어 있다. 장명등 창으로도 두 아들이 잠들어 있는 산이 건너다 보인다. 인조 같은 할아버지는 세상 천지에 없을 것이다.

게 할 것을 청하니 왕이 허락했다"라고 기록되어 있다. 이형익은 바로 인조가 추천한 의관으로 자신이 매우 총애하는 사람이었다. 그러니 인조가 의심을 사고 있다.

인조는 8년 전 소현세자가 인질로 끌려갈 때 통곡하며 지금의 일산까지 배웅했다고 전한다. 그리고는 청나라 사신에게 "아들이 추위를 많이 타니 온돌방에 재워 달라"는 부탁까지 했다는 것이다. 그런데 그 따뜻했던 아버지는 어디로 가고 아들을 죽였다는 의심을 받는 관계가 되었는지 모르겠다.

한편 왕세자빈 민회빈 강씨(1611~1646)는 소현세자가 죽은 뒤 1646년(인조 24년) 인조가 보낸 궁녀들의 감시를 받아야만 했다. 평소 사이가 좋지 않았던 인조의 후궁 귀인 조씨의 모함을 왕세자빈 강씨도 받게 되면서 마침내 사약을 받고 죽었다. 그녀의 죄명은 인조의 수라상에 오른 전복에 독약을 넣었다는 혐의였다. 그뿐만이 아니었다. 소현세자빈 강씨가 사사된 다음 해인 1647년(인조 25년) 세 아들이 모두 제주도로 귀양 가서 둘은 그곳에서 전염병에 걸려 죽었고, 다행인지 불행인지 3남인 막내만 살아남게 되었다. 귀양 갈 당시 장남 경선군 석철(1636~1648)이 12세, 2남 경완군 석린(1640~1648)이 8세, 막내 경안군 석견(1644~1665)이 4세였다.

소현세자가 죽을 때 장남 석철이는 10세, 2남 석린이는 6세, 석견이는 2세였다. 그러니 인조는 장손인 석철이가 두려웠을지도 모른다.

● 고양시에 자리한 소현세자의 3남 경안군 석견의 묘소다. 경사가 심한 맨 위쪽으로 석견의 묘가 자리하고 그 아래로 장남 임창군, 오른쪽 아래에 차남 임성군의 묘가 있다. 소현세자의 3남 중 막내인 경안군 석견이 22세로 그 중 오래 살아 그나마 후손을 남겼다.

소현세자의 아들들은 아버지에 이어 어머니마저 연달아 잃었다. 그런 불쌍한 손자들을 인조는 풍토병이 나돌고 있는 제주도로 귀양을 보냈다. 그들은 제주도로 귀양 간 지 1년도 못 돼서 전염병에 걸려 장남인 석철과 2남 석린이가 죽었다. 이 사건 이후 인조는 손자를 죽였다는 비난을 피하고자 그들을 돌보던 나인들까지 장살했다.

그래도 할아버지로서 약간의 연민은 있었는지 귀양지인 제주도에서 전염병에 걸려 죽은 두 손자를 소현세자의 발치에 묻어주었다. 소현세자의 소경원과 마주 보이는 산자락에 석철과 석린이 잠들어 있다. 소현세자가 잠들어 있는 소경원은 남쪽이 아닌 서쪽을 바라보고 있다. 그 서쪽 산자락에 어린 나이에 죽은 두 아들이 아버지를 바라보면서 잠들어 있다. 소현세자의 무덤은 너무 외진 곳에 있다. 그 무덤을 인조는 단 한 번도 찾지 않았다고 한다. 왕세자가 죽으면 왕도 3년간 상복을 입어야 하는데 그 예법도 지키지 않고 얼마 안 되어 벗어던졌다고 전한다.

혼자 살아남은 막내아들 석견은 1649년(효종 즉위년) 6세에 숙부인 제17대 왕 효종이 즉위하면서 귀양지를 제주도에서 남해로 옮겼다. 그 어린아이가 무슨 죄가 있다고 귀양지까지 옮겨 다니면서 고초를 겪어야만 했는지 알 수 없는 노릇이다.

　　그 후 석견은 1656년(효종 7년) 13세에 석방되었다. 하지만 석견은 1665년(현종 6년) 그의 나이 22세 되던 해에 부모님이 계시고 형들이 있는 저 세상으로 떠났다. 그래도 석견은 슬하에 아들 2명을 남겨놓았다. 그러나 왕족으로 태어난 그들의 앞날도 순탄하지는 못했다. 그들의 가족이 역모에 시달려 귀양을 가거나 자결해야만 했다. 왕의 적통 자손들이라 목숨 부지가 더 어려웠을 것이다.

● 소현세자는 서삼릉의 비공개 지역인 소경원에, 그의 부인 민회빈 강씨는 경기도 광명시 영회원에 홀로 잠들어 있다. 부부가 이처럼 떨어져 있는 왕세자와 왕세자빈은 없다.

인조는 후궁 귀인 조씨의 말만 귀담아 듣고 지아비를 잃고 슬퍼하는 며느리마저 죽음으로 몰았다. 후궁의 치마폭에 싸여 아버지로서, 시아버지로서, 할아버지로서 상상할 수 없는 행동을 한 인조였다.

청나라 태종에게 굴욕을 당하더니 정신이 이상해진 것은 아닌지 모르겠다. 그러니 소현세자를 독살했을 거라는 추측이 우세한 것이 당연한 일이다. 그러고 보면 소현세자를 죽게 만든 사람이 인조의 총애를 등에 업은 채 살고 있던 귀인 조씨일 수도, 인조일 수도 있겠다. 악독하기 짝이 없는 귀인 조씨는 그 당시 소현세자와 인조와의 사이, 소현세자빈과 계비 장렬왕후 조씨와의 사이를 쉴 새 없이 이간질하느라 정신 없었다.

사실 소현세자의 아버지 인조는 숙부 광해군을 쫓아내고 왕위에 올랐지만 삼전도에서의 굴욕은 죽어서도 잊을 수 없는 일이었다. 그런 아버지에게 소현세자는 눈치도 없이 청나라 문물을 운운했으니 홧김에 아들을 죽이고 말았는지도 모른다. 인조는 청이란 말만 들어도 소름이 끼치고 치가 떨렸을 것이다. 그런데 자신의 뒤를 이어 보위에 오를 소현세자가 친청주의자가 되어 돌아왔으니 화가 머리끝까지 치솟고도 남을 일이었다. 그러니 소현세자가 죽자 세손인 소현세자의 아들을 후계자로 삼지 않고, 그의 2남인 봉림대군을 왕세자로 책봉한 게 아닐까 싶다. 그 정도로 친청주의자가 되어 돌아온 소현세자를 싫어했던 인조였다.

악행과 이간질의 명수 귀인 조씨 폐서인 되다

인조는 죽을 때까지 청나라 태종에게 치욕적인 행위로 항복례를 한 것에 대한 고통 속에 살다가 1649년(인조 27년) 재위기간 24년 만에 치욕의 역사를 뒤로 한 채 눈을 감았다. 그때 그의 나이 55세였으며 부인으로 원비 인열왕후 한씨와 계비 장렬왕후 조씨, 그리고 이간질의 명수 귀인 조씨를 비롯하여 후궁이 3명 있었다.

원비 인열왕후 한씨와의 사이에는 5명의 왕자가 있었다. 후궁 중에는 귀인 조씨만 2명의 왕자와 1명의 옹주를 낳았다. 그래서 귀인 조씨의 기세가 그처럼 당당했을 것이다. 하지만 그녀는 인조의 왕위를 이은 제16대 왕 효종의 반대로 그토록 사랑해주었던 인조의 임종도 지켜보지 못했다. 그녀의 비행이 날이 갈수록 도를 넘어섰기 때문이다.

마침내 귀인 조씨는 인조가 죽고 난 뒤 왕위를 이어받은 효종에 의해 폐서인 된 후 사약을 받고 죽음을 맞았다. 그녀는 신당을 차려놓고 인조의 계비 장렬왕후 조씨(1624~1688)와 숭선군의 부인이자 자신의 며느리 신씨가 죽기를 바라다가 발각되어 화를 당했다. 며느리 신씨는 계비 장렬왕후 조씨의 친정조카이자 이모 사이였다. 그 며느리까지 죽이고 싶을 정도로 계비와의 사이가 안 좋았다.

귀인 조씨가 계비보다 나이는 7세나 많았지만 후궁의 신분으로 왕비를 함부로 대할 수 없는 일이었다. 아마 원비인 인열왕후 한씨가 세상을 떠나고, 자신이 왕비에 책봉되리라 헛꿈을 꾸었을지도 모른다. 아들도 둘이나 낳았고, 인조의 사랑을 독차지하고 있었으니 그럴 만도 했을 것이다. 그러니 장렬왕후 조씨가 죽이고 싶을 정도로 미웠던 모양이다. 그러나 그녀의 악행은 꼬리가 길어 밟히고 말았다. 그녀는 죄를 지으면 자신의 최후가 어떻게 되는지 여실히 보여주며 세상을 떠났다. 귀인 조씨는 조선왕의 후궁들 중 악덕 후궁으로 정평이 나 있다. 폐서인된 게 당연한 일일지도 모른다.

소현세자는 청나라에 인질로 끌려간 후 8년 동안 심양에 머무르면서 단순한 인질이 아닌 외교관의 소임을 도맡았다. 청나라가 조선에 무리한 요구를 하면 담판을 짓거나 막기도 했다. 청나라 역시 조선과의 문제가 발생하면 소현세자와 해결하려고 했다. 이는 결과적으로 조선의 왕권이 둘로 나누어지는 양상을 가져왔다. 청나라가 그것을 노렸는지도 모른다.

그럴 때마다 소현세자는 뛰어난 외교솜씨를 발휘했다. 그는 또 서양문물에 심취하여 천주교 신부인 아담 샬 등과 친교를 맺고 지냈으며 그를 통하여 서양의 천문학, 수학 등을 접했다. 하지만 인조는 물론 조선 조정은 소현세자의 이 같은 활동을 친청 행위로 규정하고 그를 비난했다.

당시 조정은 대부분 친명반청 세력들이 주류를 이루고 있었다. 인조 역시 청에 대한 감정이 좋을 리 없었으니 그런 소현세자를 좋아하지 않았다. 급기야 인조는 그가 조선의 국왕으로서 부적격하다는 판단을 하기에 이르렀고, 인조가 총애하는 귀인 조씨와 소현세자빈의 사이가 좋지 않은 것도 소현세자의 죽음을 앞당겼을 것으로 보인다.

　소현세자가 죽은 뒤 당연히 소현세자의 아들이 왕위를 계승해야 함이 마땅했다. 의경세자가 죽고 그의 아들이 너무 어린 바람에 그의 동생에게 왕위가 돌아갔지만 그 후 동생이 죽자 의경세자의 아들이 왕위를 물려받았듯이 그게 순리라 할 수 있다.

　그런데 인조는 소현세자의 아들을 세손으로 책봉하지 않고, 자신의 2남이자 소현세자의 동생인 봉림대군을 왕세자로 책봉하여 왕위를 잇게 했다. 인조는 소현세자의 아들들에게 왕위를 물려주지 않으려 했으면 아버지를 잃은 아니, 어머니까지 잃은 불쌍한 손자들은 잘 보살펴주어야 했다. 손자들을 그렇게까지 비참하게 만든 인조를 보면 정상적인

● 소현세자가 홀로 잠들어 있는 소경원의 문석인과 석마가 한겨울임을 알려준다. 하얀 눈이 내려 주변 경치는 아름답지만 문석인과 석마의 표정처럼 소경원을 관람하는 내내 우울모드가 계속된다.

할아버지의 모습은 아니었다.

그는 청나라와 가까운 아들 소현세자에게 왕위를 빼앗길까봐 겁이 났고, 손자도 후환이 두려웠던 모양이다. 아들, 며느리, 손자들을 죽이면서까지 왕위를 지킨 인조를 과연 후손인들 누가 곱게 볼 수 있을지는 의문이다. 인조 자신이 순리를 깨고 왕위에 올랐기에 왕위계승의 원칙조차 몰랐나 보다.

인조의 총애를 받고 있던 귀인 조씨는 소현세자빈 강씨가 청나라에서 돌아와 나이어린 인조의 계비보다 대접을 안 해주자 미워하기 시작했다. 인조와 계비에게 수시로 이간질하여 그들에게 미움을 사게 만들었다. 그 당시 인조의 계비 장렬왕후 조씨는 젊었지만 후궁인 귀인 조씨보다 인조의 사랑을 받지 못했다. 그 정도로 인조는 숭선군과 낙선군을 낳아준 귀인 조씨를 총애했다.

소현세자 부부가 어이없게 죽은 뒤에도 인조는 젊은 계비 장렬왕후 조씨 보다는 귀인 조씨를 더 총애했다. 어떤 말을 해도 그대로 믿을 만큼 귀인 조씨의 말이라면 껌뻑 죽었다.

하지만 인조 말년에 접어들어 계비 조씨와 후궁 조씨의 사이가 나빠졌다. 그때 마침 청나라에 머물고 있던 봉림대군이 귀국했고, 그 역시 형님 소현세자의 죽음과 연관하여 귀인 조씨를 무척이나 싫어했다. 그 결과 귀인 조씨는 인조에게 그토록 사랑을 받았음에도 그의 병상을 지키지도, 마지막 떠나는 모습을 지켜보지도 못했다. 왕세자가 된 봉림

● 시아버지 인조가 내린 사약을 받고 죽어간 민회빈 강씨의 영회원 전경이다. 그녀는 죄인의 몸으로 죽어갔기에 홀로 친정의 선산에 잠들었다.

대군 효종이 의도적으로 귀인 조씨를 막았기 때문이다.

봉림대군은 왕위에 오른 뒤 인조 생전에 제대로 대접 받지 못했던 장렬왕후 조씨를 자전으로 모시며 깍듯이 대우했다. 그러니 귀인 조씨 성격에 장렬왕후 조씨에 대한 미움이 극에 달할 수밖에 없었다. 그러나 꼬리가 길면 밟히는 법이라고 그녀의 꼬리는 길어도 너무 길었다. 결과적으로 그녀는 효종의 명에 따라 폐서인 된 후 사약을 받았다. 그녀의 욕심이 화를 자처하고 말았다.

인조는 자신이 반정을 주동하여 왕위에 올랐기 때문에 정통성이 약했다. 그로 인해 청나라에서 자신보다 소현세자를 더 신임하는 것에 화가 났을지도 모른다. 거기다가 청나라 태종 앞에서 굴욕적인 항복례를 했으니 감정이 좋을 리도 없었다.

설상가상이랄까? 인조가 왕비보다 더 총애하는 후궁 귀인 조씨가 소현세자 부부와 인조 사이가 멀어지도록 온갖 이간질을 했고, 왕세자빈 강씨와 계비 장렬왕후 조씨 사이도 멀어지도록 이간질을 했으니 불난 집에 부채질을 한 꼴이 되고 말았다. 그로 인해 소현세자와 세자빈 강씨가 억울하게 목숨을 잃게 되었다. 인조의 탓인지, 질투의 여신 귀인 조씨의 탓인지 소현세자 부부는 왕과 왕비에 오르지도 못하고 상상하지도 않았을 죽음을 맞이했다.

시아버지의 사약 받은 소현세자빈 민회빈 강씨

소현세자빈 강씨(1611~1646)는 우의정을 지낸 강석기의 딸이다. 그녀는 1627년(인조 5년) 왕세자빈이 되었고, 병자호란 뒤인 1637년(인조 15년) 소현세자와 함께 청나라 심양에 볼모로 잡혀갔다.

소현세자는 본국의 반청명분론反淸名分論과는 달리 청나라와 긴밀한 관계를 유지했다. 그리고 1645년(인조 23년) 음력 2월 귀국하자 심양에서 행한 일에 대해 인조의 의심을 받았다. 이러한 가운데 소현세자가 귀국한 지 2개월 만인 음력 4월에 죽자 독살 혐의가 불거졌다.

인조는 왕세자빈 강씨와 대신들의 간청을 뿌리치고 간소하게 소현세자의 장례를 치르고 2남인 봉림대군을 왕세자로 책봉했다. 생각지도 않은 슬픔을 겪게 된 왕세자빈 강씨는 귀인 조씨에 의해 인조를 저주했

● 경기도 광명시 노온사동 구름산 자락에 잠들어 있는 소현세자빈 민회빈 강씨의 영회원 전경이다. 창덕궁 후원 별당에 유치되었던 소현세자빈 강씨는 죽어서도 지아비 소현세자와 멀리 떨어져 영회원의 철장에 꽁꽁 갇혀 홀로 잠들어 있다. 영회원은 홍살문도, 정자각도, 비각도 없다. 철장이 이중으로 쳐져 있을 뿐이다.

다는 무고와 수라상에 독을 넣었다는 혐의까지 받아 후원 별당에 유치幽閉되는 일까지 벌어졌다.

그 뒤 그녀는 1646년(인조 24년) 음력 3월 시아버지 인조가 내린 사약을 받고 사사되었다. 이어 왕세자빈 강씨의 친정어머니와 4형제 모두 처형 또는 장살杖殺되었다. 효종 대에 황해도 관찰사 김홍욱金弘郁이 소현세자빈 강씨의 신원을 건의했으나 묵살되었고, 1718년(숙종 44년)에야 비로소 복위되었다.

억울하게 죽어간 소현세자빈 강씨는 우리가 흔히 생각하는 조선의 양반 규수처럼 다소곳하고 수동적인 성품은 아니었다. 그녀는 현대적인 여성으로 재치가 넘치는 여인이었다.

남편인 소현세자와 함께 볼모로 끌려간 심양은 명나라가 완전히 망하고 베이징으로 수도를 옮기기 전까지 청나라의 수도였다. 그 당시 청

● 영화원을 찾으면 480년가량 살고 있는 느티나무만이 철조망 밖 입구에 서있다. 소현세자빈 강씨는 자신보다 일찍 터를 잡은 느티나무를 이웃에 두고 적막산중 철조망 안에 꽁꽁 갇혀있다.

인조는 왕세자빈 강씨와 대신들의 간청을 뿌리치고
간소하게 소현세자의 장례를 치르고 2남인 봉림대군을
왕세자로 책봉했다. 생각지도 않은 슬픔을 겪게 된
왕세자빈 강씨는 귀인 조씨에 의해 인조를 저주했다는
무고와 수라상에 독을 넣었다는 혐의까지 받아 후원 별당에
유치되는 일까지 벌어졌다. 그 후 시아버지 인조가 내린
사약을 받고 사사되었다.

의 예법엔 심양으로 들어올 때 가마를 타고 들어올 수 없었다. 그런데 그녀는 가마를 타고 갔다. 그때 청나라의 신하들이 세자빈을 가마에서 내리라고 했다.

이에 조선의 신하들은 조선의 예법상 그럴 수 없다고 하면서 청나라 신하들과 옥신각신했다. 그 장면을 보고 있던 왕세자빈은 싸움을 멈추라 호통을 치고 말을 타고 들어갔다고 한다. 또 어려운 조선인들을 불러 모아 농사를 짓게 하였고, 그들을 보살핌과 동시에 큰돈을 모았다. 그녀는 일종의 사업가 역할을 했다.

남편인 소현세자는 그 돈으로 청나라의 고위층과 사귀었고, 조선과 청나라 사이에 있을지 모르는 외교적 갈등을 중간에서 잘 조정한 외교관 역할을 했던 것이다. 그런 진취적인 그녀의 성격이 친청주의자로 변

● 시아버지 인조가 내린 사약을 먹고 살해된 민회빈 강씨가 철조망으로 둘러싸인 철문 안에 홀로 갇혀 잠들어 있다. 죽어서도 새장에 갇힌 새처럼 답답하다. 조선의 원 중 이보다 초라한 원은 없다. 영회원이라고 쓰인 표석 옆에 누군가 꽃을 꽂아놓고 갔다. CCTV가 그녀를 철통같이 지키고 있다.

● 소현세자빈 민회빈 강씨의 영회원 앞과 뒷모습이다. 곡장대신 철 울타리가 뺑뺑 둘러쳐 있다. 유폐 당해 있다가 사사되었는데 죽어서도 꽁꽁 갇혀 있다.

한 소현세자와 함께 인조의 미움을 사게 되어 죽음을 앞당기게 했는지도 모른다.

인조가 소현세자는 물론, 그런 소현세자빈 강씨를 못 마땅히 여긴 것도 사실이었다. 소현세자빈이 친정아버지 상을 당하여 볼모생활 중 잠시 귀국했을 때도 문상조차 허락하지 않았다. 그런 인조였기에 소현세자가 돌아와 억울하게 죽었는 데도 봉림대군의 왕세자 책봉을 서둘렀을 것이다.

소현세자의 아들인 원손이 책봉을 받는 것이 순리였지만 그는 왕위를 빼앗길까봐 손자들마저 귀양을 보내 죽게 만든 매정한 할아버지였다. 소현세자가 죽은 뒤 왕세자빈 강씨는 인조가 보낸 궁녀들의 감시를 받아야만 했고, 인조의 후궁 귀인 조씨의 모함을 받게 되면서 사약을 받고 죽었다. 인조는 악행의 명수인 귀인 조씨의 말만 귀담아 듣고 지아비를 잃고 슬퍼하는 며느리마저 죽음으로 몰아갔다.

귀인 조씨의 악행을 훗날 장희빈이 배운 것은 아닌지 모르겠다. 장

● 독살설이 대두되고 있는 소현세자빈 민회빈 강씨의 영회원에는 석물도 왜소하고 보잘 것 없다. 석호의 모습이 고양이를 연상하게 한다.

희빈을 발굴해낸 사람이 인조의 계비 장렬왕후 조씨이기 때문이다. 장렬왕후 조씨 곁에서 장희빈이 귀인 조씨의 악행에 대해 들었을 것이다. 귀인 조씨와 장희빈은 비슷한 데가 너무 많다.

세자빈 강씨가 귀인 조씨의 모함을 받고 죽어간 뒤 그녀의 친정 식구들도 무사하지 못했다. 친정어머니를 그 일과 연루해 처형했고, 유배지로 보냈던 형제들도 몽둥이로 쳐 죽였으며, 친정 조카들마저 죽였다. 측근들은 모두 유배되거나 파직되었다.

왕세자빈 강씨는 죽으면서 피로 자신의 "원수를 갚아 달라"고 했다. 그러나 어느 누가 힘이 없어진 그녀의 편에 서서 원수를 갚아줄 수 있었겠는가? 그녀가 죽어갈 당시만 해도 세 명의 아들이 살아있었으니 그들이 자라 그들 부부의 원수를 갚아 주리라고 생각했을지도 모른다. 그녀는 너무나 순박하게 그런 착각을 하고 세상을 떠났다. 어쩌면 어린 자식들보다 먼저 죽은 게 천만다행인지도 모른다. 그녀가 죽고 난 뒤 아들들에게도 상상하지 못할 일이 벌어졌다. 시아버지 인조가 손자들까지 죽게 만들 거라는 생각은 꿈에도 안 했을 것이다.

두 형을 잃고 겨우 살아남은 막내아들 경안군 석견은 아버지를 대신하여 왕위에 오른 숙부 효종의 배려로 훗날 경안군에 봉해지고, 남해에서 왕족의 단골 유배지인 강화도로 옮겨와 살았다. 이후 조선의 제19대 왕 숙종 대에 와서야 이들의 억울함이 풀려 복권되었으니 넋이라도 위로받았을지는 알 수 없다. 경안군 석견은 현종의 사촌이므로 숙종에게는 당숙이다.

조선왕조를 들여다 보면 비운의 왕비들은 많지만 민회빈 강씨처럼 비운의 왕세자빈들은 그래도 없는 편이었다. 왕세자빈에 책봉되었으나 얼마 살지 못하고 죽거나, 폐빈이 되어 사가로 쫓겨난 경우는 있었지만 폐빈을 시키고도 사사까지 시킨 왕세자빈은 민회빈 강씨가 처음이자 마지막이다.

그녀는 조선왕조 왕세자빈들 중 가장 비참한 최후를 맞이한 여인이다. 왕비에 오르기 전 왕세자가 요절했거나 자신이 요절한 왕세자빈들은 그녀에 비하면 억울할 일이 아니다. 그녀처럼 모든 것을 잃은 왕세자빈은 없었다. 타국에 인질로 끌려간 남편을 따라가 열심히 내조하였고, 적손을 3명이나 낳았지만 그녀의 인생은 그야말로 난장판이 되고 말았다.

● 제374주기 소현세자빈 민회빈 강씨의 기신제향이 2019년 4월 30일 광명시 노온사동 영회원에서 열렸다.

● 소현세자의 소경원(왼쪽)과 민회빈 강씨의 영회원(오른쪽) 능침이다. 민회빈 강씨의 영회원은 남편인 소현세자와 아들들과도 너무 멀리 떨어진 외딴 곳에 홀로 잠들어 있다. 소현세자는 서삼릉의 소경원에, 그의 부인 민회빈 강씨는 경기도 광명 영회원에 각각 떨어져 잠들어 있다. 죄인의 몸으로 세상을 떠난 민회빈 강씨는 다행히 숙종 때 복위되었고, 고종 때 그의 묘를 영회원이라 이름 지었다.

소현세자는 왕세자 생활 20년을 하고, 왕위에 오를 날도 얼마 남지 않았는데 안타깝게 생을 마감했다. 양녕대군에 이어 왕위에 오를 날을 코앞에 두고 왕위에 오르지 못한 비운의 왕세자 중 또 한 명이 바로 소현세자다. 그는 왕위에 오르지 못한 안타까움을 무덤 속에서나마 그의 빈 민회빈 강씨와 두고두고 이야기해야 하는데 둘은 한 곳에 묻히지도 못했다.

소현세자는 경기도 고양시 덕양구 원당동 산 37-1번지 서삼릉 능역 안의 소경원에, 민회빈 강씨는 경기도 광명시 노온사동 산 141-20번지에 위치한 영회원에 홀로 잠들어 있다. 아니, 분하고 억울해 뒤척거리느라 잠도 못 이루고 있을 것이다.

영회원은 사방이 온통 철조망으로 둘러싸여 있다. 철장에 갇힌 새를 연상시킨다. 소경원 역시 일반인 출입이 불가능한 서삼릉 서쪽 구석에 위치해 있다. 비공개 지역으로 아무 때나 그를 만날 수도 없다.

● 소현세자와 민회빈 강씨 사이에 태어난 3남 경안군 석견의 묘(왼쪽 위)와 그의 장남 임창군의 묘(왼쪽 아래)이다. 인조의 손자이자 소현세자의 막내아들인 경안군 석견의 곡장(오른쪽)은 붉은 벽돌로 조성한 게 특이하다. 조선 왕족의 묘 중 유일하다고 할 수 있다.

소현세자 발치에 잠들어 있는 아들들

서삼릉의 서쪽 구석 소경원에 잠들어 있는 소현세자의 발치 맞은 편 산자락에 그의 두 아들이 잠들어 있다. 제주도로 유배 갔다가 전염병에 걸려 죽은 경선군과 경완군이다. 그곳 역시 군부대 안에 있기에 답사하기 힘들다.

그의 두 아들은 너무나 어린 나이에 세상을 떠났다. 그들은 왕의 손자로 태어난 게 오히려 불운이었다. 그들은 소현세자가 바라볼 수 있는 소경원 맞은 편 산자락에 잠들어 있으니 그나마 다행이라 해야 할 것 같다. 제주도 유배지에서 살아남았던 3남 경안군도 소경원에서 그리 멀지 않은 곳에 잠들어 있다.

민회빈 강씨는 강감찬의 19대 손녀이기도 하다. 그녀는 폐위되어 서인으로 강등되었다가 숙종 대에 와서 복위되어 민회빈이 되었다. 다행히 그녀에게 1718년(숙종 44년) 죄가 없음이 밝혀져 다시 빈으로 복위되었고, 소현묘라 불렸던 소경원과 함께 1903년(고종 7년) 고종 대에 와서야 원호인 영회원이 주어졌다. 민회빈 강씨의 인생을 돌아보면 돌아볼수록 기가 막혀 무덤 속에서조차 할 말을 못할 것이다. 그러니 잠을 제대로 잘 수 있을까 싶다.

민회빈 강씨가 잠들어 있는 영회원은 그야말로 적막강산이다. 그녀의 무덤 주변에는 왜소하나마 석물들은 그럭저럭 있으나 어떤 전각도 남아있지 않다. 홍살문, 참도, 정자각, 수복방, 수라간, 비각 등은 흔적도 없다. 아예 조성조차 하지 않았는지도 모른다. 말하면 무엇하랴. 곡장도 없다. 그녀는 철문이 굳게 닫힌 철조망 안에 쓸쓸히 잠들어 있을 뿐이다. 우리 안에 갇힌 동물처럼 철장 안에 갇혀 있다. 그래도 철문 앞에는 그녀의 마음을 기리는 꽃다발이 몇 다발 놓여있다. 영회원은 바라만 보아도 그냥 슬프다. 아마도 그녀의 삶이 너무나 슬프기 때문일 것이다. 이제는 슬픔을 잊고 편히 잠들었으면 좋겠다.

소현세자는 그야말로 새로운 세상에 일찍 눈을 떠 명을 앞당겼다. 민회빈 강씨도 너무 똑똑한 게 죄가 되어 목숨을 내놓아야 했다. 이들 세자 부부는 청나라에서 인질 생활을 끝내고 고국에 돌아올 때는 무척이나 기뻤을 것이다. 그런데 고국에 돌아오자마자 소현세자가 죽고 민회빈 강씨도 궐에서 쫓겨나 사약을 받고 죽어갔으니 그 슬픔이야 오죽했겠는가. 거기에 그들의 어린 세 아들까지 무사하지 못했으니 기막힌

● 왕이 되지 못하고 죽은 또 한 명 비운의 왕세자 소현세자의 아버지 제16대 왕 인조와 어머니 인열왕후 한씨의 합장릉인 장릉이다. 우거진 소나무가 장릉을 둘러싸고 있으며 생각보다 웅장하고 평화롭다.

일이다.

　소현세자의 장남과 차남의 묘는 아버지 소현세자가 잠들어 있는 소경원과 직선거리로 500m 떨어진 군부대에 둘러싸여 있고, 막내인 경안군 묘는 고양시 덕양구 대자동에 자리하고 있다.

　인조의 장남으로 태어난 소현세자와 민회빈 강씨! 이보다 슬픈 가족사가 있을까 싶다. 인조는 아들 소현세자와 며느리 민회빈 강씨, 3명의 손자들에게 슬픈 가족사를 만들어준 장본인이면서 우리나라 2대 국치일 중 하나를 만들어낸 인물이기도 하다.

　한 나라의 왕으로서 치욕의 역사를 만들어낸 인조는 원비 인열왕후 한씨와 합장되어 파주 장릉에 숨어 잠들어 있다. 치욕의 역사를 만들어낸 주인공이라 그런지 장릉은 비공개 지역이다. 허락을 받아내야만 출입이 가능하다.

종묘 사직에
기여한 바 없는데

효장세자 이행
(경의군, 추존왕 진종, 제21대 왕 영조의 아들)

영조의
서장자로 태어나다

효장세자(1719~1728)는 조선의 제21대 왕 영조(1694~1776)와 정빈 이씨 (?~?) 사이에서 1남 2녀 중 장남으로 태어나 왕세자로 책봉되었다. 그 는 왕위를 이을 아들을 낳지 못한 채 세상을 떠났지만 제22대 왕 정조 (1752~1800)가 그의 양자로 입적되어 왕으로 추존되었다. 그는 9세 때 혼례를 치렀는데 결혼하고 1년도 안 되어 10세에 창경궁의 진수당에 서 요절하고 말았다.

그는 아버지 영조에 의해 이복동생인 사도세자(1735~1762)의 아들 정조를 양자로 들여 왕으로 추존되는 행운을 얻었다. 얼굴도 모르는 양자 덕을 톡톡히 본 효장세자다. 왕으로 추존된 효장세자는 자신의 양자가 된 정조는커녕 사도세자의 얼굴도 모른다. 그가 죽고 7년 뒤에야 이복동생인 사도세자가 태어났기 때문이다. 그는 왕위에 오르지 못하고 요절했지만 왕으로 추존되어 후손에게 영원한 대접을 받고 있다.

효장세자는 1724년(영조 즉위년) 경의군에 봉해졌다가 다음해 7세 때 왕세자로 책봉되었다. 왕세자로 책봉된 지 3년 만에 요절했다. 만 10년도 못 살고, 1728년(영조 4년) 창경궁에서 숨을 거둔 것이다.

그 후 사도세자(추존왕 장조)의 아들 정조가 그의 양자로 입적되면서 그에게 행운이 찾아왔다. 그는 양자로 입적된 정조가 1776년(정조 즉위년) 왕이 되자 죽은 지 48년 만에 왕으로 추존되었다.

부인을 청상과부로 만들어놓은 효장세자

효장세자의 부인 조씨(1715~1751)는 풍양부원군 조문명과 재취인 완흥부부인 이씨의 2남 1녀 중 외동딸로 1715년(숙종 41년) 태어났다. 그녀의 본관은 풍양이다.

그녀는 나이 13세 되던 해인 1727년(영조 3년) 나이 9세의 효장세자와 가례를 올리면서 영조의 큰며느리가 되었다. 일반적으로 그 당시 왕세자는 9세나 11세에 결혼했다.

● 조선의 제21대 왕 영조의 장남인 효장세자는 실제 왕위에는 오르지 못했지만 죽은 뒤 진종으로 추존되어 파주 삼릉의 영릉에 부인 효순왕후 조씨와 나란히 잠들어 있다. 그런데 참도가 신도와 어도로 나뉘어 있지 않고 외길이다. 박석도 시원찮다. 그러면 어떠랴. 왕이 되었는데….

그는 아버지 영조에 의해 이복동생인 사도세자의
아들 정조를 양자로 들여 왕으로 추존되는 행운을 얻었다.
얼굴도 모르는 양자 덕을 톡톡히 본 효장세자다.
왕으로 추존된 효장세자는 자신의 양자가 된 정조는커녕
정조의 아버지 사도세자의 얼굴도 모른다. 그가 죽고 7년 뒤에야
이복동생인 사도세자가 태어났기 때문이다. 그는 왕위에
오르지 못하고 요절했지만 왕으로 추존되어 후손에게
영원한 대접을 받고 있다.

● 추존왕 진종과 효순왕후 조씨가 나란히 잠들어 있는 영릉의 능침 공간에는 석물이 많이 생략되어 있다. 세자에서 왕으로, 다시 황제로 추존되었지만 병풍석에 난간석은 커녕 석양과 석호도 4마리씩이 아닌 2마리씩만 설치되어 있고 무석인도 없다.

　　이는 기수奇數와 우수偶數의 논리 때문이다. 홀수가 기수로 양수이며, 짝수가 우수로 음수이다. 우리 민족은 예로부터 음수보다는 양수를 '길수吉數'로 상서로운 수로 여겨왔다. 그리하여 효장세자도 10세가 되기 전 서둘러 결혼시킨 것이다. 왕실의 결혼을 위하여 전국의 만 15세 이하 규수들에게 금혼령이 내려진다. 그러니 영조가 그랬듯이 나이가 60이 넘어도 15세 안의 어린 신부와 혼인을 하게 된다.

　　이중 금혼이 제외되는 규수는 왕실과 같은 성씨(전주 이씨), 왕세자의 이종과 고종, 8촌까지, 왕비의 동성 7촌, 이성 6촌, 전주가 본관인 성씨, 부모 모두 생존하지 않는 사람, 후취한 사람 등이었다. 그러나 영조는 왕세자빈 간택에서 후취한 사람을 구별하지 말라고 했다. 이는 자신이 후취한 사람의 아들임을 염두에 둔 것으로 보인다. 자신이 그 입장이 되어보아야 소외된 사람의 마음도 헤아리게 됨을 영조를 통해서도 알 수 있다.

　　효장세자빈 조씨(1715~1751)는 모든 관문을 통과하여 왕세자빈으로 간택되었다. 그녀는 초간택, 재간택, 삼간택하여 최후의 3인 중 간택된 당대 최고의 가문 출신에서 뽑힌 규수였다. 영조는 왕세자빈의 중요성을 강조하면서 그동안 도성 안이나 경기도 일원에서 간택했던 것을 확대하여 전국에서 왕세자빈을 간택하도록 명을 내렸다.

이처럼 효장세자빈 조씨는 어렵게 간택되었지만 1728년(영조 4년) 혼례를 치른 지 얼마 안 되어 효장세자가 죽고 말았다. 그녀는 9세밖에 안된 효장세자와 혼례를 올렸는데 10세 때 효장세자가 죽어 후사도 남기지 못했다.

안타깝게도 효장세자가 혼례를 치르던 날 설사병에 걸려 회복하지 못한 채 두 달 만에 세상을 떠났다고 실록은 전한다. 어찌 이런 불상사가 일어났는지 모르겠다. 그때 효장세자가 사경을 헤매자 영조는 곤룡포까지 벗어던지고 그를 끌어안은 채 "왕위라도 내놓을 테니 왕세자만은 구해 달라"고 울부짖었다고 한다. 영조에게는 그때까지 적자가 한 명도 탄생하지 않았으며 후궁 소생으로도 효장세자가 유일한 아들이었다.

효장세자가 요절하면서 그의 부인 조씨의 인생도 엉망이 되었다. 그녀의 꿈은 효장세자가 세상을 뜨는 날 함께 하늘 높이 날아가 버렸다. 결혼의 기쁨도 누리지 못한 채 홀로 남게 되었으니 이 무슨 날벼락이랴. 조씨는 효장세자보다 4세가 많았는데 결혼하자마자 남편 병시중만 들다가 14세에 청상과부가 된 비운의 왕세자빈이 된 것이다. 요절

● 사도세자와 혜경궁 홍씨가 낳은 제22대 왕 정조가 큰아버지 효장세자의 양자로 입적되어 효장세자와 효장세자 빈이 왕과 비로 추존되었다. 그리하여 그들의 신주는 종묘 영녕전에 모셔져 후손에게 크게 대접받고 있다.

한 왕세자 빈들 중 효장세자빈이 가장 짧게 부부생활을 했다.

그녀는 1735년(영조 11년) 현빈賢嬪에 봉해졌으며, 남편 없이 23년을 홀로 살다가 1751년(영조 27년) 37세에 병으로 세상을 떠났다. 그녀 역시 실제로 왕비에 오르지 않았지만 왕비로 추존되어 후손들에게 융승히 대접 받고 있다. 하지만 그녀의 인생은 허무하기 짝이 없다.

시아버지 영조에게 효를 다한 효장세자빈 조씨

효순왕후 조씨는 어린 나이에 혼자되었어도 시아버지인 영조에게 효를 다했다. 남편을 일찍 보낸 죄책감에 남편의 몫까지 효도를 다하려고 한 것이다. 그 당시만 해도 남편이 일찍 죽으면 부인의 덕이 부족하여 죽은 것으로 여기곤 하여 자책 속에 살아가는 여인들이 많았다. 남존여비사상 때문에 그랬을 것이다. 남편이 죽어 불쌍하게 된 사람이 부인인데 오히려 죄인인 양 살아가야 했으니 이해가 안 되는 세상이었다.

그녀는 그나마 복이 있었다. 이미 세상을 떠났지만 정조가 효장세자에게 양자로 입적되어 승통 왕세자빈의 호를 얻었기 때문이다. 정조는 영조의 명에 따라 효장세자의 양자가 되었고, 정조가 즉위한 후 남편 효장세자는 진종으로, 그녀는 효순현빈孝純賢嬪에서 효순왕후孝純王后로 추숭되었다.

1899년(융희 2년) 순종 때 가서는 대한제국 황후로 추존되어 효순소황후孝純昭皇后가 되었다. 정조를 그녀에게 양자로 빼앗긴 혜경궁 홍씨에게는 미안한 일이겠지만 어쩌겠는가? 정조가 왕위에 올랐을 때 그녀는 세상을 떠나 이 기쁨을 누리지 못했다. 그러니 혜경궁 홍씨(1735~1815)의 마음이 어땠을지는 물어보나 마나다.

효장세자빈 조씨는 너무 어린 나이에 남편을 잃고 자녀도 없이 쓸쓸히 살아갈 수밖에 없었지만 낳지도, 키우지도 않은 정조가 아들로 입적됨에 따라 왕비로 추존되었으니 기뻐했을지는 모르겠다. 무늬만 왕이 되고 왕비가 되었지, 실권을 쥐어보지 않았으니 별로 기쁘지 않았을지도 모른다. 그래도 종묘에 남편과 함께 신주가 나란히 모셔져 있게 되었으니 그것으로 만족해야 할 것 같다.

실제로 왕비에 올랐다가 자신의 허물로, 또는 남편인 왕의 허물로 폐비가 된 왕비들에 비하면 그녀는 행복한 여인이다. 왕비 노릇을 전혀 안 하고도 왕비 대접을 받고 있으니 말이다. 종묘는커녕 칠궁에조차

신주가 봉안되어 있지 않은 성종의 부인이었던 폐비 윤씨(1455~1482)
와 연산군의 부인 폐비 신씨(1472년~1488), 광해군의 부인 폐비 류씨
(1576~1623)가 그녀를 한없이 부러워할 것이다.

요절했지만 효장세자 부부는 종묘에 들다

효장세자는 7세에 왕세자로 책봉되었고, 9세에 혼례도 치렀고, 정조를
양자로 둔 덕에 왕으로까지 추존된 것이다. 효장세자는 겨우 10년밖에
살지 못했지만 후손에게 대접은 융숭히 받고 있다.

실제 왕위에 오르지 않았지만 왕으로 추존되면서 종묘에 그와 그의
부인 조씨의 신주가 봉안되었다. 그는 자신의 부인도 왕비로 추존되게
해주었지만 아마도 많이 미안했을 것이다. 하지만 살아서 종묘사직을
위해 한 일은 없어도 죽어서 누릴 것은 다 누리고 있다.

연산군이나 광해군은 실제 왕위에 10년 이상 올라있었지만 왕위에

● 효장세자(추존왕 진종)와 효순왕후 조씨가 나란히 잠들어 있는 영릉의 정자각이다. 정자각으로 오르는 계단이
동쪽에 두 개 있는데 하나는 신계이고, 다른 하나는 어계이다. 신계에만 난간석이 설치되어 있다. 영릉의 신계 난
간석의 꽃문양이 다른 왕릉에 비해 선명하고 아름답다. 서쪽에는 난간석이 없는 계단이 한 개만 설치되어 있다. 신
이 정자각을 통해 신교를 건너 능침으로 올라가기 때문이다.

● 효장세자를 낳은 아버지 영조와 계비 정순왕후 김씨가 함께 묻힌 동구릉의 원릉과 영조에게 첫아들을 선물해준 어머니 정빈 이씨가 묻힌 수길원이다. 수길원에는 전각이 하나도 남아있지 않으며 석양·석호·석마도 설치되어 있지 않다.

서 쫓겨나 신주조차 종묘에 봉안되지 못했다. 물론 연산군과 광해군이 실정失政했기 때문이다. 아무튼 효장세자는 영조의 아들로 태어난 것 빼고는 한 게 없는데 최고의 대접을 받고 있다.

영조는 장남인 효장세자가 죽고 어렵게 얻은 영빈 이씨 소생인 사도세자를 왕세자로 삼았다. 그런데 그마저 왕위에 오르기 전 뒤주 속에 갇혀 비참하게 굶어 죽자 사도세자의 차남 정조를 세손으로 책봉했다. 그 뒤 영조는 정조를 죽은 효장세자에게 입적시키고 왕위를 계승하게 했다. 사도세자가 죄인의 몸으로 죽었기 때문에 그의 아들로는 왕위에 오를 수 없으니 정조를 효장세자의 아들로 입적시킨 것이다. 할아버지 영조가 손자 정조에게 왕위를 물려주기 위해 취한 행동으로 본다. 그런 걸 보면 사도세자를 뒤주 속에서 그냥 죽어가게 만든 영조를 아주 나쁘게만 생각할 일은 아닌 듯하다.

영조의 고심 끝에 정조는 효장세자의 아들로 입적되었다. 그래서 정조는 왕위에 오를 수 있었고, 양부인 효장세자만 왕으로 추존할 수

● 효장세자를 모신 영릉에 있는 비각이다. 비석이 작은 비각에 한 개, 큰 비각에 두 개가 세워져 있다. 왕세자에서 왕으로, 황제로 추존되면서 비석 부자가 되었다. 10세에 사망하여 종묘사직에 기여한 바 없는 효장세자지만 정조를 양자로 들이는 바람에 왕으로 추존되어 종묘에 신주도 모셔져 후손에게 융숭한 대접을 받고 있다.

있었다. 정조의 마음은 많이 아팠겠지만 어쩔 수 없는 노릇이었다. 다행히 사도세자도 1899년(광무 3년)에 장조로 추존되었다. 사도세자가 왕으로 추존되어 죽어서나마 정조의 마음이 가벼워졌을지도 모른다.

정조 덕분에 추존왕이 된 효장세자는 1908년(융희 2년)에는 황제로 추존되어 진종소황제까지 되었다. 아마 영조의 아들로 태어난 자체가 행운이었던 모양이다.

효장세자를 비롯하여 왕으로 추존된 9명의 추존왕과 추존왕비들의 신주는 모두 종묘에 모셔져 있다. 연산군과 광해군만이 그들이 저질렀던 폭정에 대해 두고두고 땅을 치고 후회할 일이다.

● 진종으로 추존되고, 효순왕후로 추존된 효장세자와 효순현빈은 무덤 속에서도 승급하여 비석이 두 개의 비각 안에 세 개나 세워져 있다. 한 개의 작은 비각에는 '조선국 효장세자묘 효순현빈부좌'라 쓰인 비석(왼쪽)이 세워져 있고, 큰 비각에는 '조선국 진종대왕영릉 효순왕후부좌'라 쓰인 비석(오른쪽)과 '대한 진종소황제영릉 효순소황후 부좌'라 쓰인 비석이 각각 세워져 있다.

효장세자는 묘호와 능호까지 받았다

효장세자는 이복동생인 사도세자의 아들 정조 덕분에 진종으로 추존되어 능호도 받았다. 그의 능호는 영릉永陵이며 함께 추존된 효순왕후 조씨와 나란히 잠들어 있다. 추존왕 진종과 효순왕후 조씨가 나란히 잠들어 있는 영릉에는 비각이 작은 것과 큰 것이 각각 설치되어 있다.

작은 비각에는 '조선국 효장세자묘 효순현빈부좌朝鮮國 孝章世子墓 孝順賢嬪俯左'라 쓰인 비석이 세워져 있고, 큰 비각에는 '조선국 진종대왕영릉 효순왕후부좌朝鮮國 眞宗大王永陵 孝純王后俯左'라 쓰인 비석과 '대한 진종소황제영릉 효순소황후부좌大韓 眞宗昭皇帝永陵 孝純昭皇后俯左'라 쓰인 비석이 각각 세워져 있다. 영릉은 파주 삼릉에 있는데 경기도 파주시 조리읍 삼릉로 89번지에 소재하고 있다.

효장세자를 낳은 영조와 영조의 제1후궁 정빈 이씨는 아무리 부부사이가 좋았더라도 살았을 때와 달리 함께 잠들 수 없었다. 효장세자의 아버지 영조는 계비 정순왕후 김씨와 동구릉의 원릉에 잠들어 있으며, 어머니 정빈 이씨는 할머니 숙빈 최씨의 소령원 곁 수길원에 홀로 잠들어 있다. 수길원은 왕을 낳은 후궁들의 원 중 가장 초라하다.

간절한 기다림 속에
태어나다

문효세자 이향
(제22대 왕 정조의 아들)

정조의 서장자로
태어나 5세에 세상을 뜨다

문효세자(1782~1786)는 조선의 제22대 왕 정조(1752~1800)와 후궁 의빈 성씨(1753~1786) 사이에서 1남 1녀 중 외아들로 1782년(정조 6년) 태어나 1784년(정조 8년) 3세 때 왕세자로 책봉되었다. 그러나 왕세자로 책봉된 지 2년만인 5세에 세상을 뜨고 말았다. 나이가 너무 어려서 세상을 떴기에 혼례도 올리지 못했고, 후사를 이을 자녀도 남기지 못했다. 그랬기에 문효세자는 추존왕이 될 수 없었다.

정조는 그의 비 효의왕후 김씨(1753~1821)와의 사이에 자녀가 없었다. 그리하여 홍국영(1748~1781)의 여동생을 정조의 첫 번째 후궁으로 들이게 되었다. 그러나 원빈 홍씨(1766~1779)가 후궁으로 간택된 지 채 1년도 안 되어 죽었다. 그로 인하여 왕의 외삼촌이 되려던 홍국영의 원대한 꿈은 물거품이 되고 말았다.

홍국영은 원빈 홍씨가 왕자를 낳으면 그 왕자가 정조의 보위를 잇게 하려고 했다. 홍국영의 욕심이 너무 과해 여동생도 잃고 자신도 정계에서 방출되어 강원도를 떠돌다가 비참한 최후를 맞게 되었는지도 모른다. 정조의 오른팔 역할을 했던 홍국영이었지만 그의 묘조차 남아있지 않다.

원빈 홍씨가 죽은 뒤 정조의 후궁으로 화빈 윤씨(1765~1824)가 간택되었다. 그러나 정조는 그녀와의 사이에서도 왕자를 얻지 못했다. 그런

● 의령원과 효창원의 침전 옆에 큼지막한 비석이 우뚝 서있다. 효창원에 잠들어 있는 문효세자의 일대기와 그를 찬양하는 글이 새겨져 있다. 그들은 거대한 비석만큼 크지 못하고 요절했다.

● 조선 제22대 왕 정조의 장남 문효세자가 잠든 효창원이다. 효창원 바로 위에 의령원이 있다. 의령원에는 문효세자의 큰아버지인 의소세손이 잠들어 있다. 의소세손은 사도세자의 장남으로 정조의 형이다. 눈이 내린 효창원과 그렇지 않은 날 효창원은 확연히 다르다.

데 화빈 윤씨 처소에서 일하던 나인에게서 왕자를 얻게 되니 그가 바로 문효세자의 어머니 의빈 성씨다.

　의빈 성씨는 미천한 집안 출신으로 정조의 후궁인 화빈 윤씨의 처소에서 일하다가 정조의 눈에 들어 승은을 입었다. 정조가 아들을 낳기 위해 화빈 윤씨 처소에 자주 드나들었는데 그녀의 나인에게서 원자가 탄생한 것이다. 아들이 없었던 정조에게 원자가 탄생하였으니 문효세자와 그의 어머니 의빈 성씨는 정조에게는 물론 왕실의 사랑을 독차지했다. 그러나 그 사랑이 너무 지나쳤나 보다. 그만 문효세자가 5세에 요절하고 말았다. 중용中庸이 중요함을 일깨워주는 '과유불급過猶不及'이란 사자성어가 떠오를 수밖에 없다.

　문효세자는 1782년(정조 6년) 정조가 31세 되는 해에 태어나 3세에 왕세자로 책봉되었으나 1786년(정조 10년) 요절했다. 아들이 없었던 정조는 아들의 탄생을 소원해 왔으니, 그가 태어나기 무섭게 바로 왕세자로 책봉했던 것이다. 그는 죽은 뒤 문효세자로 추증되었고, 대한제국 수립 후 황태자로 추증되었다. 그의 묘는 큰아버지 의소세손 (1750~1752)과 이웃하고 있다. 의소세손은 영조의 장손이며, 사도세자의 장남이자 정조의 형이다.

문효세자는 서삼릉 능역 안의 효창원에 잠들어 있다. 원래 그의 능원은 서울특별시 용산구 청파동 효창공원에 있었다. 처음에는 효창묘라 했다가 후에 효창원으로 바꾸었다. 그런데 1944년 일제강점기 때 서삼릉 능역 안의 한 귀퉁이로 이장하게 되었다. 효창원이 있던 자리는 효창공원이 되었고, 현재 김구 선생을 비롯한 임시정부 요원들의 묘가 들어차 있다.

문효세자는 큰아버지 의소세손이 묻힌 의령원 바로 아래쪽에 잠들었다. 그의 큰아버지는 그보다 더 짧게 살다가 세상을 떠났다. 문효세자는 5세에 세상을 떠났는데 의소세손은 3세에 세상을 떠났다. 왕위 계승 1순위였던 의소세손이나 문효세자는 세상을 일찍 뜨는 바람에 동생들에게 각각 왕의 자리가 돌아갔다. 둘은 왕이 될 운명이 아니었나 보다.

● 제21대 왕 영조의 장손 의소세손과 제22대 왕 정조의 장남 문효세자가 각각 잠들어 있는 의령원과 효창원에 설치되어 있는 예감이다. 구색만 갖추어 놓았다.

● 서삼릉의 비공개 지역에는 21기의 후궁 묘, 23기의 왕자와 공주 묘, 54기의 태실이 모여 거대한 공동묘지를
형성하고 있다. 그곳에 눈이 내린 날 찾아가 보았다. 고종의 후궁이자 덕혜옹주의 생모 귀인 양씨 묘를 비롯하여
그 뒤로 정조의 후궁이자 문효세자의 생모 의빈 성씨, 화빈 윤씨, 원빈 홍씨 등의 묘가 모여 있다. 의빈 성씨의 묘
앞에는 '의빈창녕성씨지묘(宜嬪昌寧成氏之墓)'라 쓰여 있는 비석이 있다. 곡장 너머로 연산군의 생모인 폐비 윤씨
가 잠들어 있는 회묘의 봉분이 보인다. 회묘는 이곳 후궁들의 묘와 달리 왕릉처럼 조성되어 있다.

　　문효세자가 죽고 난 뒤 같은 해 그의 어머니 의빈 성씨도 세상을 떠
났다. 그의 어머니도 그가 먼저 자리를 잡아놓은 효창원 곁에 묻혔다가
일제에 의해 서삼릉 후궁 묘역으로 옮겨져 정조의 다른 후궁인 원빈 홍
씨, 화빈 윤씨와 나란히 잠들어 있다. 그나마 문효세자가 어머니와 같
은 능역 안에 잠들어 있어 다행이다. 원래 아버지 정조가 어머니 의빈
성씨의 묘를 문효세자 곁인 효창원(지금의 효창공원) 경내에 조성해 주었
다. 그런데 도시화에 내몰려 어머니 의빈 성씨는 서삼릉의 비공개 지역
왕족들의 공동묘지로 가게 되었다. 그나마 문효세자의 효창원은 공동

● 문효세자의 아버지 정조는 효의왕후 김씨와 건릉에 합장되었다. 건릉 곁에는 할아버지 사도세자와 할머니 혜경궁 홍씨가 합장되어 있는 융릉이 있다. 아버지 정조는 할아버지와 할머니 곁에 잠들어 있지만 요절하여 왕위에 오르지 못하고 죽은 비운의 왕세자 문효세자는 아버지와도 어머니와도 떨어져 쓸쓸히 홀로 있다.

묘지가 아닌 서삼릉 경내로 옮겨졌다.

문효세자의 원호는 효창원이며 경기도 고양시 덕양구 서삼릉 길 233-126 위치한 서삼릉 능역 안에 자리해 있다. 그의 어머니 의빈 성씨는 서삼릉 비공개 지역에 21명의 후궁들과 함께 모여 잠들어 있다.

어렵게 왕위에 오른 제22대 왕 정조는 왕비와의 사이에 자녀가 없었다. 후궁 중 의빈 성씨로부터 첫아들 문효세자를 선물 받았을 뿐이다. 그런데 귀하게 태어난 게 죄였을까? 다섯 살에 세상을 떠난 것이다. 정조가 무척이나 사랑했던 문효세자를 낳은 의빈 성씨마저도 같은 해에 세상을 떠나고 말았다. 그때 정조의 눈물은 그치지 않았을 것이다.

● 문효세자를 낳아준 어머니 의빈 성씨는 후궁, 왕자, 공주들의 공동묘지에 잠들어 있다.

다행히 후궁 수빈 박씨가 왕자를 낳아주어 정조의 왕위를 잇게 되었다. 문효세자의 아버지 정조는 자녀를 가장 많이 낳아준 어머니 의빈 성씨 곁이 아닌 자녀를 낳지 못해 마음고생을 엄청나게 했을 왕비 효의왕후 김씨와 합장되어 할아버지와 할머니가 잠들어 계신 융릉 곁 건릉에 잠들어 있다.

대리청정 중에
세상을 떠나다

효명세자 이영
(추존왕 문조, 제23대 왕 순조의 아들)

순조의 적장자로
왕도정치를 꿈꾸다

효명세자(1809~1830)는 조선의 제23대 왕 순조(1790~1834)와 순원왕후 김씨 사이에서 2남 3녀 중 장남으로 태어나 왕세자로 책봉되었다. 1809년(순조 9년) 창덕궁의 대조전에서 태어난 그는 왕세자로 책봉된 후 대리청정까지 하고 있었지만 왕위에 오르지 못하고 세상을 떠났다.

효명세자는 다행히 아들을 남겨놓고 세상을 떠나 아들이 어리긴 해도 그가 세상을 떠난 1830년(순조 30년) 세손으로 책봉되었다. 그의 아들은 4세에 세손이 되었고, 8세에 왕이 되었다. 그가 유일하게 남겨놓은 아들이 조선의 왕들 중 가장 어린 나이로 왕위에 올랐으니 그가 바

● 제23대 왕 순조와 순원왕후 김씨의 장자 효명세자가 태어난 창덕궁의 대조전이다. 이곳은 보물 제816호로 지정되어 있으며, 6개의 침전 중 으뜸으로 왕비의 침전인 곤전이다. 곤전은 임금의 정침 바로 뒤에 위치하여 중심되는 자리를 차지한다. 궁내의 다른 전각엔 용마루가 있으나 왕비의 처소에는 용마루가 없는 게 특징이다. 대조전의 현판은 효명세자의 아버지 순조의 어필이다.

로 제24대 왕 헌종(1827~1849)이다. 그의 아들이 왕위에 오르면서 그도 왕으로 추존되었다.

효명세자는 순조의 아들로 태어나 1812년(순조 12년) 4세 되던 해 왕세자로 책봉되었다. 그 후 그는 1819년(순조 19년) 11세 때 풍은부원군 조만영의 딸을 맞아 가례를 올렸다. 그리고 1827년(순조 27년) 19세에 순조를 대신하여 대리청정을 했다. 그 역시도 순조에게 유일한 아들이다. 그는 아버지 순조와 달리 그의 할아버지 정조 시절 왕도정치의 부활을 꿈꾸었다. 그런데 그 꿈을 이루지 못하고 세상을 떠났다. 창덕궁 후원에 그의 자취가 많이 남아있다.

● 순조의 장남인 효명세자가 할아버지 정조가 펼쳤던 왕도정치의 부활을 꿈꾸며 책을 읽던 서재 의두합이다. 기
오헌이란 현판이 붙어있다. 이곳에서 효명세자는 책도 읽고 공부도 하면서 사색을 즐겼다. 그 옆에 있는 궁궐에서
가장 작은 건물인 운경거는 정면 1칸, 측면 1칸짜리 건물로 창덕궁 후원 애련지의 남쪽에 있는데 단청도 하지 않은
수수한 건물이다.

효명세자는 순조의 아들로 태어나 1812년 4세 되던 해
왕세자로 책봉되었다. 그리고 1827년 19세에 순조를 대신하여
대리청정을 했다. 그 역시도 순조에게 유일한 아들이다.
그는 아버지 순조와 달리 그의 할아버지 정조 시절 왕도정치의
부활을 꿈꾸었다. 그런데 그 꿈을 이루지 못하고 세상을 떠났다.
창덕궁 후원에 그의 자취가 많이 남아있다.

8세에 왕이 된 효명세자의 아들

효명세자의 부인 조씨(1808~1890)는 풍은부원군 조만영과 덕안부부인 송씨의 2남 3녀 중 2녀로 1808년(순조 8년) 태어나 효명세자빈이 되었다. 그녀는 효명세자(1809~1830)와의 사이에 아들을 낳아 그 아들을 왕으로 등극시켰다. 그가 제24대 왕 헌종(1827~1849)이다. 그녀는 순조의 며느리며, 순조의 왕통을 이은 효명세자의 부인이다.

그녀의 본관은 풍양이다. 1819년(순조 19년) 12세에 왕세자빈으로 책봉되었고, 8년 만인 1827년(순조 27년) 20세에 헌종을 낳았다. 그런데 남편 효명세자가 1830년(순조 30년) 그만 세상을 떠나고 말았다. 그때 그녀의 나이 23세였고, 효명세자는 22세였다. 그들 사이에 태어난 헌종의 나이는 겨우 4세였다.

그녀는 일찍 남편을 잃었지만 효부라는 칭찬을 들으며 살았다. 그 후 순조가 세상을 뜨자 남편 효명세자를 대신하여 1834년(헌종 즉위년) 아들 헌종이 8세의 어린 나이로 왕위에 올랐다. 헌종 말고는 왕위에 오를 만한 가까운 왕족이 없었다. 형제도, 4촌도, 6촌도 없었기 때문이다. 그래서 헌종은 역대 왕들 중 가장 어린 나이에 왕이 될 수밖에 없었다.

아들 헌종이 왕위에 오름에 따라 죽은 남편이 왕으로 추존되었고, 그녀도 왕후로 추존되어 왕대비가 되었다. 이때부터 풍양 조씨 가문이

● 효명세자가 사랑한 창덕궁 후원의 애련지, 그 봄과 가을풍경이 멋스럽다. 계절마다 아름다운 옷으로 갈아입는 후원의 경치에 누구든 빠져든다. 애련지의 애련정이 언제나 여유를 느끼게 한다.

정부의 요직을 차지하면서 세도를 부리게 되었다.

수렴청정으로 한을 달랜 효명세자빈

효명세자빈에서 왕후로 추존된 신정왕후 조씨(1808~1890)는 1857년(철종 8년) 순조의 비로 시어머니인 순원왕후 김씨가 죽자 대왕대비가 되었다. 그러나 안타깝게도 제24대 왕이 된 그녀의 아들 헌종이 후사를 남기지 못한 채 1849년(헌종 15년) 23세에 세상을 떠났다. 그 바람에 또 한 번의 큰 아픔을 겪어야 했다.

헌종의 뒤를 이어 강화도령이 조선 제25대 왕으로 즉위하게 되니

● 강화도에 자리한 철종이 왕이 되기 전에 살았던 잠저(潛邸) 용흥궁(왼쪽). 강화도령 철종과 그가 사랑한 봉이와의 강화 나들길 14코스인 첫사랑길 안내 표지판(오른쪽)이다.

그가 바로 철종(1831~1863)이다. 하지만 철종 역시 후사를 남기지 못하고 재위 14년 만에 죽었다. 철종이 죽고 난 뒤 그녀는 왕실 최고의 권한을 쥐게 되었다. 이때부터 신정왕후 조씨는 조대비로서의 명성을 떨치기 시작했다. 조대비는 전부터 안동 김씨의 세도정권을 못마땅해하던 흥선군 이하응과 그녀의 조카 조성하와 손을 잡고 흥선군의 둘째 아들을 왕으로 만들었다. 그가 제26대 왕 고종(1852~1919)이다.

그녀는 안동 김씨의 세력을 약화시키기 위하여 고종을 철종의 뒤를 잇게 한 게 아니라 남편 효명세자의 뒤를 잇게 했다. 고종을 헌종의 동생으로 입적시킨 것이다. 그녀는 12세의 어린 나이로 왕위에 오른 고종의 수렴청정(1863~1866)을 약 3년가량 했다. 그러나 실제 정권은 모두 고종의 아버지 흥선대원군이 잡도록 하교했다.

후에 조대비는 자신이 기용한 친정세력들이 잇따른 정변에 희생되어 가문이 쇠락해지는 것을 몹시 슬퍼했고, 나라가 재난에 시달리자 자신이 죽지 않은 것을 한탄했다고 한다. 그래도 그녀는 시어머니 순원왕후 김씨에 비해 욕심이 훨씬 덜했음을 알 수 있다. 수렴청정을 길게 하지 않은 것만 보아도 짐작이 간다. 아마 시어머니에게 질려버렸는지도 모른다.

조대비는 왕이 되기 전 요절한 효명세자에 비해 장수했다. 조선 후기 역사는 영조의 계비 정순왕후 김씨, 순조의 원비 순원왕후 김씨, 그리고 조대비, 마지막으로 고종의 원비 명성황후 민씨 등이 정국을 주도했다고 해도 크게 틀린 말이 아니다. 그들은 여왕처럼 군림하다 세상을 떠난 왕비들이다.

조선 후기에 접어들어 먼저 영조의 계비인 정순왕후 김씨가 직접 정치에 참여하면서 왕보다 권력을 더 휘두르기 시작했다. 정순왕후 김씨는 나이는 어렸지만 영조 대부터 순조 대까지 영향력을 발휘한 왕비였다. 사도세자를 죽음에 이르도록 깊숙이 관여하였고, 정조가 왕위에 있을 때도 온갖 참견을 다한 왕비였다.

정순왕후 김씨는 정조가 죽고 순조가 어린 나이로 왕이 되자 초기에 순조의 수렴청정(1800~1804)을 약 4년간 실시하면서 대리정치가 아

● 만추의 연경당 정문과 안채다. 정문에는 장락문(長樂門)이란 현판이 달려 있다. 효명세자가 부친인 제23대 왕 순조를 위해 지어준 건물로 사대부 집과 유사한 형태를 띠고 있다. 단청을 하지 않아 이 건물도 수수하니 자연과 더 조화롭다.

● 충남 서산에 자리해 있는 제21대 왕 영조의 제2계비 정순왕후 김씨의 생가다. 그녀가 영조 대부터 순조 대까지 직접 정치에 참여하여 왕보다 더 권력을 휘둘러 경주 김씨 가문이 오랫동안 세도를 유지할 수 있었다.

닌 직접 정치를 펼쳐나간 왕비다. 그녀로 인하여 경주 김씨 가문이 오랫동안 세도가의 진면모를 보여주었다.

영조의 계비 정순왕후 김씨가 죽자 이어서 순원왕후 김씨의 외척인 안동 김씨 가문이 정권을 잡아가기 시작했다. 50년간의 경주 김씨 가문의 세도정치가 막을 내리고 안동 김씨 가문의 막이 오른 것이다. 안동 김씨 가문에 세도정치의 물꼬를 터준 순원왕후 김씨는 약 6년간 손자인 헌종의 수렴청정(1834~1840)을 했을 뿐 아니라 헌종이 후사 없이 승하하자 철종으로 왕통을 잇게 한 뒤 3년간 수렴청정(1849~1852)을 펼쳤다. 동시에 집안 안동 김씨의 딸을 철종의 왕비로 책봉했다.

사실 순원왕후 김씨가 순조의 비로 책봉되면서부터 시작된 안동 김

씨의 세도정치는 무려 60년간이나 계속되었다. 며느리였던 효명세자
빈은 풍양 조씨 가문 출신이었지만 헌종의 비 효현왕후 김씨, 철종의
비 철인왕후 김씨 등은 모두 시어머니 순원왕후 김씨 가문 출신을 맞
아들여 권력을 공고히 했던 것이다. 그러니 순원왕후 김씨를 등에 업은
안동 김씨의 권세야 다시 거론할 필요조차 없다.

왕비들이 여왕노릇을 한 수렴청정의 역사

조선왕조 최초의 수렴청정垂簾聽政은 제7대 왕 세조의 비 정희왕후 윤
씨로부터 시작되었다. 정희왕후 윤씨는 아들인 예종이 19세의 나이에
제8대 왕위에 오르자 수렴청정하게 되었다. 윤씨는 예종의 수렴청정
을 1468년~1469년까지 1년동안 한 후 제9대 왕 성종의 수렴청정을
1469년~1476년까지 7년간 했다. 예종이 왕위에 오른 지 1년 2개월
만에 죽었고, 성종이 13세의 어린 나이에 등극했기 때문이다.

　다음은 제11대 왕 중종의 제2계비인 문정왕후 윤씨가 제13대 왕
명종이 12세의 어린 나이에 왕으로 등극하자 1545년~1553년까지 8년
간이나 수렴청정했다.

　그 뒤를 이어 명종의 비 인순왕후 심씨는 제14대 왕 선조가 16세
의 나이에 왕위에 올랐지만 수렴청정을 1567년~1568년까지 4년은

해야 하는데 1년 정도만 했다. 명종의 비는 다른 왕비들과 달리 정치에
별 욕심이 없었던 모양이다.

그 밖에 어린 나이에 왕위에 올랐지만 수렴청정을 받지 않은 왕도
있다. 제19대 왕 숙종은 14세에 왕위에 올랐으나 수렴청정을 받지 않
았다. 제6대 왕 단종처럼 할머니나 어머니가 안 계신 것도 아니었다.
이유라면 숙종의 어머니 제18대 왕 현종의 원비 명성왕후 김씨와 할머
니 제16대 왕 인조의 계비 장렬왕후 조씨의 당색이 서인과 남인으로
달랐기 때문이다. 그랬기에 숙종의 어머니 명성왕후 김씨는 아들 숙종
이 장렬왕후 조씨의 수렴청정을 원치 않았다. 숙종은 충신들 덕분인지
몰라도 여인들의 치마폭에서 헤어나지 못한 것 빼고는 어린 나이에도
불구하고 뛰어난 리더십으로 국정을 잘 이끌어나갔다.

그리고 좀 뜸하다가 조선 후기에 접어들면서 왕의 여인들이 대리정
치에 다시 뛰어들게 되었다. 제23대 왕 순조가 11세에 왕위에 오르자
제21대 왕 영조의 계비 정순왕후 김씨가 4년여 동안 수렴청정하였고,

● 홍살문 앞에서 바라본 수릉이다. 효명세자와 신정왕후 조씨가 합장되어 있다.

제24대 왕 헌종이 8세에 왕이 되자 순조의 비 순원왕후 김씨가 7년을, 철종이 왕이 되자 다시 3년을 더 했다. 제25대 왕 철종이 22세가 되는 해에 수렴청정을 거두었다.

마지막으로 제26대 왕 고종이 12세에 왕위에 오르면서 신정왕후 조씨가 8년 정도 해도 되는데 흥선대원군에게 섭정을 맡기고 3년가량만 수렴청정했다. 이처럼 조선왕조 왕들 중 예종을 비롯하여 성종, 명종, 선조, 순조, 헌종, 철종, 고종 등 8명이 어린 나이에 왕이 되어 왕비였던 할머니나 어머니께 수렴청정을 받고 친정을 펼쳤다.

효명세자빈에서 왕후로 추존된 신정왕후 조씨도 비록 추존왕비이긴 했지만 조선 후기 정치에 관여하여 한몫을 톡톡히 한 왕비 중 한 사람이었다. 그녀는 살아서 왕이 되지 못하고 죽어서 왕이 된 남편 곁으로 너무도 늦게야 찾아가 함께 잠들었다. 사별한지 너무 오래되어 추존왕 문조가 그녀를 보고 "누구세요?" 하고 묻지는 않았는지 모르겠다.

왕도정치를 꿈꾸다 요절한 효명세자

할아버지 정조처럼 왕도정치를 꿈꿨던 효명세자는 1830년(순조 30년) 22세의 젊은 나이에 아버지 순조보다 일찍 세상을 떠나고 말았다. 그가 순조의 명에 따라 대리청정을 하였는데 어린 나이임에도 불구하고

● 수릉의 비각에 비석이 두 개 세워져 있다. 한 개에는 조선국 익종대왕수릉 신정왕후부우라 쓰여 있고, 다른 한 개에는 대한 문조익황제수릉 신정익황후부우라 쓰여 있다. 1899년(광무 3년) 익종은 문조익황제로, 신정왕후는 신정익황후로 다시 추존되었다.

어진 인재를 등용하고, 형옥을 신중하게 하는 등 백성을 위한 정책 구현에 노력했다. 그런데 대리청정 4년 만에 요절하고 말았다. 그가 세상을 뜨고 난 뒤 효명세자로 추존되었다.

대리청정을 하던 효명세자가 세상을 뜨자 순조는 4년 정도 다시 국정을 살피다가 1834년(순조 34년) 세상을 떠났다. 그러자 8세밖에 안 된 효명세자의 아들 헌종이 제24대 왕으로 즉위했다. 그야말로 어린아이가 왕이 되었다.

27명의 조선왕들 중 10세가 안 된 나이로 왕위에 오른 왕은 헌종뿐이다. 그밖에 미성년자로 10대에 왕위에 오른 왕은 그의 아버지 순조다. 순조는 11세에 왕이 되었다. 그리고 단종과 명종, 고종은 12세, 성종은 13세의 어린 나이에 왕위에 올랐다. 초등학생 나이에 왕이 된

● 수릉의 능침을 수호하는 석물 조각이 그동안 왕릉에서 보아왔던 모습과는 좀 다르게 조각되어 있어 낯설게 느껴진다. 지금까지 문석인이 중계에, 무석인이 하계에 배치되어 있었는데 수릉에는 문무석인이 같은 공간에 세워져 있다. 그즈음 문무석인의 신분이 같아진 때문이다.

사람이 6명이나 되었으며, 숙종이 14세, 선조가 16세에 왕위에 올랐다. 그 외 예종, 연산군, 중종, 현종, 철종 등도 성년이 되기 전에 왕위에 올랐다. 그러고 보니 27명의 왕 중 과반에 가까운 13명이 10대에 왕이 되었다.

제23대 왕 순조(1790~1834)에게 효명세자(1809~1830)가 유일한 아들이었듯이 그에게는 제24대 왕이 된 헌종(1827~1849)이 유일한 아들이었다. 헌종을 남겨놓지 않고 세상을 떠났으면 왕위 계승문제로 정국은 혼란에 혼란을 거듭했을 것은 물론이었고, 역모에 휩싸여 목숨을 내놓아야 하는 왕족과 신하들이 수두룩했을 것이다. 효명세자는 아들 헌종이 왕위에 오르면서 처음에 익종으로 추존되었고, 대한제국 광무 3년인 1899년(고종 36년) 문조익황제로 다시 추존되었다.

● 효명세자(추존왕 문조)와 신정왕후 조씨가 합장되어 있는 수릉의 능침이다. 왕릉답게 무석인까지 갖추고 있다. 그동안 능침 앞은 상계, 중계, 하계로 나뉘어 3단으로 조성했다. 상계에는 능침과 석양, 석호, 혼유석, 망주석 등이 자리하고, 중계에는 장명등과 문석인이 자리하며, 하계에는 무석인이 배치되었다. 그런데 수릉에는 중계와 하계를 합쳐 문석인과 무석인이 석마를 동반하고 같은 공간에 배치되어 있다. 이는 신분제도의 변화에 따른 것으로 《국조상례보편》에 따라 영조 때부터 따르게 되었다.

효명세자의 부인 신정왕후 조씨는 그보다
60년을 더 살다가 1890년에 죽었다. 그녀가 죽자
명당자리를 찾아 옮긴 효장세자와 함께 동구릉의
수릉에 합장하였다. 효명세자는 장지를 두 번이나
옮긴 끝에 영원한 안식처를 잡았다.

● 익종에서 다시 문조로 추존된 효명세자가 그의 부인 신정왕후 조씨와 동구릉의 수릉에 합장되어 잠들어 있다. 수릉의 곡장 뒤 잉에서 바라본 안산과 조산의 모습이다. 아파트 숲이 수릉의 조산이 되었다. 이런 사실을 수릉의 주인이 아시려나 모르겠다.

두 번의 천장 끝에 부인과 합장되어 편히 잠들다

1830년(순조 30년) 효명세자가 죽자 그를 제20대 왕 경종(1688~1724)과 계비 선의왕후 어씨(1705~1730)가 잠들어 있는 의릉 왼쪽 언덕에 장사 지냈다. 그러나 1846년(헌종 12년) 풍수상 불길하다는 논의가 있어 양주 용마산 아래로 옮겼다가 다시 1855년(철종 6년) 태조(1335~1408)의 능인 건원릉 오른쪽으로 옮겨왔다. 그의 능은 한 번도 아니고 두 번이나 천장했다.

효명세자의 부인 신정왕후 조씨는 그보다 60년을 더 살다가 1890년(고종 27년)에 죽었다. 그녀가 죽자 명당자리를 찾아 옮긴 효장세자와 함께 동구릉의 수릉에 합장하였다. 효명세자는 장지를 두 번이나 옮긴 끝에 영원한 안식처를 잡았다.

● 왕이 되지 못하고 요절하여 비운의 왕세자 대열에 합세한 효명세자를 낳은 아버지 제23대 왕 순조와 순원왕후 김씨의 능침이다. 그들은 헌·인릉의 인릉에 합장되었다. 원래 인릉의 초장지는 파주의 인조 장릉 곁이었다. 그 후 세종이 여주로 천장되고 태종의 헌릉 곁 옛 영릉 자리로 천장되어 잠들게 되었다. 능침 앞에서(왼쪽), 곡장 뒤 잉에서(오른쪽) 바라본 인릉이다. 인릉에 가을이 찾아들고 있다.

　　그런데 의경세자가 소혜왕후 한씨에게 상석인 오른쪽을 내주었듯이 효명세자도 오른쪽을 신정왕후 조씨에게 내주었다. 정자각에서 바라볼 때 왼쪽이 상석이다. 좌상우하左上右下의 원칙에 따라 왼쪽에 왕이, 오른쪽에 왕비가 잠들게 되어 있지만 효명세자도 왼쪽을 왕비에게 내어준 것이다. 이는 그가 왕세자의 신분으로 세상을 떠났고, 그의 부인은 대왕대비 신분으로 세상을 떠났기 때문일 것이다. 조선왕릉 중 의경세자와 소혜왕후 한씨가 잠들어 있는 경릉과 효명세자와 신정왕후 조씨가 잠들어 있는 수릉만이 왕비를 상석인 왼쪽에 잠들게 했다.

　　효명세자는 문조로 추존되어 수릉綏陵이라는 능호를 받았고 그곳에 왕비로 추존된 신정왕후 조씨와 함께 잠들어 있다. 효명세자와 조선 후기 정국을 마음껏 주무르던 여장 신정왕후 조씨가 함께 잠든 수릉은 합장릉으로 조성되었다. 신정왕후 조씨는 효명세자가 펼치지 못하고 떠난 인생까지 보태 살기라도 하듯 천수를 누리다 83세가 되어서야 그의 곁으로 돌아와 잠들었다. 수릉은 경기도 구리시 동구릉로 197 동구릉 안에 있다.

효명세자는 아버지 순조보다 할아버지 정조를 더 닮았다고 한다. 그는 안동 김씨의 세도정치에 맞서 예술과 문무를 통해 조선후기 사회를 개혁하고자 했다. 장차 문예 부흥기를 다시 열 준비를 해왔던 효명세자는 아깝게 요절하고 말았던 것이다.

할아버지 정조처럼 문예 부흥을 통해 새로운 정치를 펼치고자 하였던 효명세자를 잃은 것은 국가적으로 큰 손실이 아닐 수 없다. 그나마 아들 하나를 남겨놓아 그 아들이 왕위를 이어갔지만 너무 어린 나이에 등극하여 나라의 발전에는 영향을 미치지 못했다. 하지만 그 아들로 인해 요절한 효명세자가 그나마 조선의 마지막 추존왕이 되었다.

영조는 소주방에서 쌀을 보관하는 뒤주를 가져오라고 명했다. 그리고는 사도세자를 서인으로 폐하고 뒤주에 가두었다. 사도세자는 이 안에 들어가 쪼그리고 앉아 땡볕에서 8일 동안 아무 것도 먹지 못한 채 똥오줌 범벅이 되어 죽어갔다. 이 현장을 생각하니 무서운 생각이 든다. 화성행궁에 체험학습을 위해 마련해놓은 뒤주이다. 끔찍한 역사를 아는지 모르는지 아이들이 깔깔대며 뒤주 속을 들어갔다 나왔다 놀이기구인 듯 즐겁게 놀고 있다. 순진무구한 아이들의 밝은 모습에 아픈 마음이 조금은 누그러든다.

3장

폐세자 된 후 복위된 왕세자

사도(思悼)!
생각하면 슬프다

사도세자 이선
(장헌세자, 추존왕 장조, 제21대 왕 영조의 아들)

영조의 서차자로 태어나
뒤주왕자가 되다

사도세자(1735~1762)는 조선 제21대 왕 영조(1694~1776)와 영빈 이씨 (1696~1764) 사이에서 1남 6녀 중 외동아들로 1735년(영조 11년) 태어났다. 그는 조선의 제22대 왕 정조의 친아버지로 영조의 기다림 속에 창경궁의 집복헌에서 태어나 왕세자로 책봉되었다.

그는 폐세자가 되면서 뒤주 속에 갇힌 뒤 물 한 모금 받아먹지 못하고 비참하게 세상을 떠났다. 하지만 다행히 뒤주 속에서 나오면서 왕세자로 복위되었다. 그 후 사도세자는 아들과 후손을 잘 둔 덕분에 장조로 추존되었다. 그런데 그는 조선 제22대 왕 정조(1752~1800)가 살아있

● 사도세자가 축복 속에 태어난 창경궁 집복헌이다. 집복헌 바로 옆에 영춘헌이 자리하고 있다. 사도세자의 아들 정조가 영춘헌에서 독서를 즐겼으며 그곳에서 세상을 떠났다.

을 때는 왕으로 추존되지 못했다. 아들 정조가 죽고 세월이 한참 흐른 뒤 1899년(광무 3년) 9월, 고손인 제26대 왕 고종에 의해 장조로 추존되었다.

사도세자는 영조의 장남인 효장세자(1719~1728)에 이어 차남으로 태어났다. 이복형 효장세자(추존왕 진종)가 10세에 요절하자 1736년(영조 12년) 2세에 왕세자로 책봉되었다. 그 후 대리청정을 15세부터 하는 등 활발한 정치활동을 벌였다. 그러나 그는 26년동안 왕세자 생활을 하고도 왕위에 오르지 못한 채 1762년(영조 38년) 28세의 나이로 비극적인 죽음을 맞이하고 말았다.

그는 이복형 효장세자가 죽은 지 7년이 지난 1735년(영조 11년) 태어났다. 영조에게는 효장세자 외에 딸들은 많았지만 아들이 한 명도 없었다. 영조의 나이 42세에 사도세자가 탄생했으니 얼마나 아들이 태어나기를 기다렸을지 짐작이 가고도 남는다. 그러니 생후 2년밖에 안 된 사도세자를 서둘러 왕세자로 책봉했을 것이다. 그때만 해도 영조가 자신이 83세까지 살리라고는 생각하지 못했을 것이다.

어찌 되었거나 사도세자는 영조의 사랑을 업고 왕세자로 책봉되었다. 그리고 1744년(영조 20년) 10세 되던 해 동갑내기 홍봉한의 딸 혜빈 홍씨(1735~1815)와 가례를 올렸다.

사도세자는 이미 3세에 아버지와 대신들 앞에서《효경孝經》을 외웠고, 7세에《동몽선습童蒙先習》을 독파했다. 서예를 좋아하여 수시로 문자를 쓰고, 시를 지어 대신들에게 나눠주었다.

사도세자가 3세 때 제20대 왕 경종의 장인으로 계비 선의왕후 어씨의 친정아버지 어유구(1675~1740)에게 선물한 글씨가 서첩으로 만들어 보관되어 오다 얼마 전 어유구의 8대손이 언론에 공개한 바 있다. 그 글씨를 3세 아이가 썼다는 게 믿겨지지 않을 정도로 글자가 바르고 힘 있어 보였다. 이처럼 사도세자는 어려서부터 문자 쓰기를 좋아한 것 같다.

영조는 경종의 장인이면서 자신에게도 장인이 되는 어유구가 찾아오자 "이 아이를 보세요, 영특하기 짝이 없답니다. 글씨도 곧잘 쓰지요. 너는 글자 몇 개를 써서 국구國舅에게 드리거라." 했다. 사도세자는 어유구 앞에서 붓을 잡았고 '석石', '하下', '춘春', '왕王' '토土 혹은 길吉' 등 다섯 글자를 썼다는 것이다. '춘春', '왕王'은 세자가 한 해 전 2세 때도 썼던 글자라고 했다.

그는 이미 2세 때 큰 붓을 잡더니 '온 세상이 임금의 은택을 입은 봄이라는 뜻'의 '천지왕춘天地王春'이라고 썼다. 그때 신하들이 앞다퉈 글씨를 하사해 달라 청했다고 한다.

영조는 이렇듯 늦둥이 아들 사도세자를 품안의 자식으로 자랑하기에 바쁜 따뜻한 아버지였다. 《영조실록》 등에 따르면 사도세자는 불과 돌 무렵에 병풍의 '왕王'자를 보고 영조를, '세자世子'라는 글씨를 보고는 자신을 가리켰다고 한다. 세자에게 '팔괘八卦 떡'을 주자 "팔괘를 어떻게 먹느냐"며 먹지 않았다. 이 정도로 사도세자는 어려서부터 똑똑하고 총명했다.

그뿐인가. 10세 때는 소론 측이 주도한 바 있는 신임옥사를 비판했다. 신임옥사는 신축년 1721년(경종 1년)부터 임인년 1722년(경종 2년)까지 일어났던 정치적 분쟁이다.

남인들이 몰락하면서 서인은 노론과 소론으로 나누어지는데 노론은 영조를, 소론은 경종을 지지했다. 제19대 왕 숙종 이후 왕위를 노론은 영조가, 소론은 경종이 이어가기를 바랐다.

그런데 경종이 숙종의 왕위를 이어받아 조선 제20대 왕이 되었다. 그 후 경종은 노론의 주요 대신들을 역모죄로 몰아 제거했다. 이것이

1721년(경종 2년) 신축년에 일어난 신축옥사다. 그리고 다음 해인 임인년에 남인 목호룡을 매수하여 정권을 뒤엎으려는 반역행위를 고발하게 하여 또다시 노론 세력을 역모죄로 대거 처형했다. 이것이 1722년(경종 3년) 임인옥사이다. 그 두 옥사의 첫 글자를 따서 신임옥사라 한다.

그러나 경종이 성불구자로 왕위를 이을 아들을 남겨놓지 못하고 세상을 뜨면서 세제로 책봉되어 있던 영조가 경종의 왕위를 이었다. 그러자 전세는 역전되어 소론을 지지하던 대신들이 대거 목숨을 잃었다.

그 후 영조는 이런 당쟁의 폐해를 없애기 위해 인재를 고르게 등용하여 당파 간 정치 세력에 균형을 꾀하는 탕평책을 실시하기 시작했다.

사도세자의 비행이 무고의 빌미가 되다

경종이 아들을 낳았다면 사도세자의 아버지 영조는 왕이 될 수 없었을 것이다. 사도세자 또한 왕세자가 될 수 없었을 것이다. 그런데 경종이 아들을 낳지 못해 이복동생인 영조에게 왕위가 넘어갔고, 사도세자가 왕세자의 반열에 올라 역사에 한 획을 긋게 되었다. 왕세자 반열에 오른 사도세자는 1749년(영조 25년) 15세에 아버지 영조를 대신하여 서정을 대리했다.

하지만 그때 그를 싫어하던 노론과 영조의 계비 정순왕후 김씨 그리고 후궁 숙의 문씨 등이 그를 무고하는 일이 잦았다. 이로써 성격이 과격하고 급했던 아버지 영조는 수시로 사도세자를 불러 꾸짖게 되었고, 신경이 예민했던 그는 정신질환 증세를 보이기 시작했다. 영조가 그렇게 끔찍하게 아끼고 자랑스러워했던 사도세자는 아버지의 무서운 질책에 점점 갈피를 잡지 못하고 내관이나 궁녀를 잔인하게 죽이는가 하면, 기생과 여승을 입궁시켜 난잡한 행동을 일삼았다. 급기야 몰래 왕궁을 빠져나가 평안도 일대인 관서지역을 유람하기도 했다.

일설에 따르면, 그는 그의 매형 김한신(1720~1758)을 언쟁 끝에 벼루로 머리를 쳐서 죽게 했다고도 한다. 그 일로 그의 이복누이 화순옹주(1720~1758)가 격분하여 곡기를 끊고 14일 만에 죽고 말았다는 것이다.

그 일이 진짜였다면 그를 보고 누가 정상이라 하겠는가. 그 일이 있은 뒤에도 그는 자숙하고 있었던 게 아니라 자신이 정신적으로 문제가 있어 저지른 행동임을 증명하기라도 하듯 궁중에서 살생을 계속했다는 것이다.

말해 무엇하랴. 자신의 후궁이자 은전군(1759~1778)의 어머니 경빈 박씨도 그의 칼에 맞아 사망했다고 한다. 그리고 2세밖에 안 된 은전군을 죽이려고 연못에 던졌지만 용케도 연잎 위로 떨어져 살아남게 되었다고 한다. 하지만 은전군은 역모에 휩싸여 20세를 일기로 죽었다. 은전군은 어머니를 죽인 아버지를 몹시도 원망하면서 성장했던 것으로 알려져 있다.

여러 정황으로 미루어볼 때 사도세자는 아버지인 영조의 사랑이 갑자기 식어서였는지는 모르나 정신적으로 문제가 있어도 아주 크게 있었던 것으로 보인다.

사도세자는 영조가 읽으라는 유학 경서는 읽지 않고 《천부경天符經》이나 《옥추경玉樞經》 등의 금서禁書를 주로 읽었다고 한다. 도굴꾼이 사도세자의 묘를 파헤쳤을 때 나온 것도 《천부경》과 《옥추경》이었다고 한다. 하긴 죽을 때 자신이 그러한 책을 챙겨 무덤 속으로 들어간 것은 아닐 테니 사도세자가 그런 책들만 읽었다고 단정지을 수만은 없을 것이다.

금서 중 하나였던 《옥추경》은 도를 닦으면 잡귀를 물리치고 도술을 부리게 된다는 도경의 하나다. 사도세자는 그 책을 읽고 잡귀를 물리치기는커녕 오히려 그에게 잡귀가 붙은 것은 아닌지 모르겠다. 그가 가장 무서워하는 영조의 환영이 수시로 보이고 공포증까지 몰려왔다고 하니 하는 말이다.

그는 번개가 치고 벼락이 치는 날이면 무서워 절절매기에 이르렀다. 사도세자에게 불안장애 내지는 강박장애 증세가 있었던 것은 확실한 것 같다. 어쩌면 그런 증세가 있어 그것을 치유해보려고 그런 금서들을 읽었을지도 모르겠다.

아무튼 사도세자는 광기 어린 여러 증세들이 있었고, 그 때문인지 은둔생활을 좋아했다. 창경궁 북쪽의 휴식하기 좋은 암자 환취정環翠亭

에 숨어들어 한동안 나오지 않았다. 환취정은 성종이 1484년(성종 15년) 7월에 만들었는데 그곳에서 경종이 승하했다.

또한 자신의 거처인 동궁의 후원에 땅을 파고 은신처로 굴을 만들기도 했는데, 그 땅굴 위에 뗏장을 덮고 그 속에 들어가 틀어박혀 있기를 좋아했다고 한다. 머지않아 자신이 죽을 것을 예상해 무덤체험을 미리 한 것은 아닌지도 모르겠다. 그는 피해의식이 많았고 누군가 자신을 해칠 거란 생각에 피난처로 방공호를 만들어 놓은 모양이다.

그는 또 옷에 대한 광증 중 하나로 옷 갈아입기를 무서워하는 의대병衣帶病이라는 질병에도 시달렸다. 어렵게 장만한 옷이 자신의 마음에 안 들면 새 옷이어도 그냥 벗어 불태워버리고, 마음에 들면 그 옷이 다 해지고 찌들어도 좀처럼 갈아입지 않았다고 한다. 동궁전에 나오는 예산은 별로 없는데 수시로 옷을 만들어 바쳐야 했던 혜경궁 홍씨도 이래저래 마음고생을 많이 한 모양이다. 그 당시 그녀는 친정의 도움도 많이 받았다고 한다.

사도세자의 병증에 대한 기록은《조선왕조실록》을 비롯한《한중록》등 여러 곳에 나와 있다. 그의 장인 홍봉한도 사도세자의 병증에 대해 "무엇이라고 꼭 꼬집어 말할 수 없는 병이 아닌 것 같은 병이 수시로 발작한다"고 했다.

이 같은 말에 비추어 볼 때 사도세자는 일종의 강박관념에 시달리고 있었던 듯하다. 그의 돌발적인 행동이 계속되자 1762년(영조 38년)

영조의 계비 정순왕후 김씨는 그의 아버지 김한구와 그 일파인 홍계희, 윤급 등의 사주를 받아 중인 건달 나경언에게 왕세자의 비행 10조목을 상소토록 했다.

나경언의 상소에 대신들은 왕과 왕세자를 능멸한 것이니 그를 엄벌에 처하라고 했다. 하지만 영조는 오히려 그 상소 내용을 듣고 나라에 대한 충성이라며 그를 신뢰한 나머지 사도세자를 죽이기로 결심하게 된다. 그러나 노론의 사주를 받았던 나경언은 영조의 계비 정순왕후 김씨 등에게 끝내 이용만 당하고 보상은 받지 못한 채 정치의 희생양이 되어 죽음을 맞았다.

뒤주 속에서 참극을 펼치다 굶어죽은 사도세자

영조는 사도세자가 자신을 폐하고 새로운 왕국을 세우겠다고 했다는 나경언의 상소를 접하고 화가 극에 달했다. 너무나 분개한 나머지 영조는 사도세자를 현재 소실되어 남아있지 않은 창경궁의 휘녕전徽寧殿으로 불러 자결하라고 명했다.

하지만 사도세자는 부모 앞에서 자결하는 것은 효에 어긋난다며 영조에게 항변했다. 그렇다고 영조가 자신이 들고 있는 칼로 차마 아들을 죽일 수는 없는 일이었다. 그러자 영조는 내관들에게 소주방에서 쌀을 보관하는 뒤주를 가져오라는 명을 내렸다. 그리고는 사도세자를 서인으로 폐하고, 뒤주에 가두었다. 그래도 칼로 자결하는 것보다는 나을까 싶었는지 사도세자는 순순히 뒤주 속으로 들어갔다. 차마 아버지가 자신을 뒤주 속에서 굶어 죽게 내버려 두겠나 싶었을지도 모른다.

영조는 그가 쭈그리고 앉아있는 뒤주의 문을 직접 닫고 자물쇠로 문을 걸어 잠갔다. 뒤주 안에 갇힌 사도세자는 무릎을 세우고 움츠리고 앉아 물 한 모금 받아 마시지 못하고 똥오줌 범벅이 된 채 그 속에서 처참히 죽어가야만 했다. 그는 한여름 뙤약볕 아래 뒤주 속에서 비가 내리면 빗물을 받아먹고, 그렇지 않으면 자신의 오줌을 받아먹고 8일을 버티다 그만 저 세상으로 떠나고 말았다.

영조는 이런 어마어마한 참극을 연출했고, 사도세자는 그 비극의 주인공이 되어 죽어가야만 했다. 그때 사도세자의 나이 28세였다. 사도세자는 폐세자가 되어 뒤주 속에 들어간 뒤 살아나오지 못했다. 그나마 다행인 것은 뒤주에 들어가기 전 폐위되었다가 죽어 나온 뒤 복위되

● 사도세자가 8일간의 참극을 끝내고 굶어죽은 뒤주를 화성행궁에 고증해 놓았다.

었다는 것이다.

사도세자는 1762년(영조 38년) 음력 5월 21일 비극적인 삶을 마감했다. 영조는 쌀 등 곡식을 보관하는 뒤주를 아들을 살해하는 도구로 사용했다. 뒤주 속에서 빚어진 이 어처구니없는 참극이 누구의 생각이 었는지 궁금하지 않을 수 없다. 사도세자의 장인이자 혜경궁 홍씨의 아버지 홍봉한이었다고 하니 놀라지 않을 수 없다.

노론의 영수였던 홍봉한은 소론을 지지했던 사위와 당색이 다르다는 이유로 사위를 죽이는데 공조한 인물이다. 그는 원래 사도세자의 병증을 알고 있었던 인물이기도 하다. 사도세자가 장인인 그에게 자신의 병세를 이야기하면서 울화증 약을 지어 보내달라는 편지를 써서 보냈기 때문이다. 사도세자는 장인을 철석같이 믿었을 테지만 홍봉한은 그의 딸 혜경궁 홍씨와 외손자 정조라도 지켜내기 위해서였는지는 모르겠으나 당색이 다른 사위를 매정하게 죽음으로 몰아갔다. 이처럼 사도세자는 당파싸움의 희생양이 되어 목숨을 잃고 말았다.

사도세자의 생모 영빈 이씨도 노론 가문 출신이다. 딸들 역시 노론 가문으로 시집을 갔다. 영빈 이씨는 딸들을 걱정하고 자신의 가문을 더 중요시하여 사도세자의 죽음을 적극적으로 막지 못했다. 처음에는 그녀 나름대로 어떻게든 왕실의 참극을 막아 보려고 했겠지만 요지부동인 영조의 마음을 움직이지 못했다. 그 후 그녀는 왕세자가 제 정신은 아니었던 것 같다면서 세손 모자만이라도 살려달라고 애원했을 정도

● 창경궁의 문정전이다. 문정전이 왕비들의 혼전으로 쓰이면서 잠시 이름이 휘녕전으로 바뀌었다. 원래 휘녕전의 옛 이름이 문정전이다. 그 휘녕전 뜰에서 조선의 왕세자가 폐세자되어 뒤주 속에서 죽어간 역사를 만들어냈다. 뒤주왕자 사도세자의 아픔이 배어있는 휘녕전이 원래 이름을 되찾아 복원된 현재의 문정전 뜰이다.

로 그쳤다. 그녀가 이미 도를 넘어선 자신의 아들 사도세자의 비행과 병세를 알고 있었기 때문이었을지도 모른다. 그러나 아들에 대한 어머니로서의 행동으로는 미약하다고 느껴진다.

세손인 정조만이 몇 번에 걸쳐 할아버지께 달려가 "할바마마! 아비를 살려주십시오. 할바마마! 아비를 살려주십시오."라면서 울면서 매달렸을 뿐이다. 하지만 어린 정조의 애틋한 호소를 끝내 할아버지 영조는 들어주지 않았다.

영조가 쓴 사도세자의 가슴 뭉클한 묘지명

사도세자가 죽은 뒤 영조는 그를 죽인 것을 후회하며 죽음을 애도한다는 의미로 '사도思悼'라는 시호를 내렸다. 사도思悼! '생각하면 슬프다'

란 뜻이다. 아들을 죽이고 아비인 영조도 많이 슬펐을 것이다. 영조는 1762년(영조38년) 사도세자의 묘지명墓誌銘에 다음과 같은 글을 적어 넣었다.

"끝내는 만고에 없던 사변에 이르고, 백발이 성성한 아비로 하여금 만고에 없던 짓을 저지르게 하였단 말인가? (중략) 진실로 아무 일이 없기를 바랐으나 9일째 이르러 네가 죽었다는 비보를 들었노라. 너는 무슨 마음으로 칠십의 아비로 하여금 이런 경우를 당하게 하는고."

영조는 아들의 묘지명에 아버지로서 아들을 죽게 한 미안함과 안타까움을 구구절절 남겨놓았다. 아들인 사도세자를 어쩔 수 없이 죽여야만 했던 모진 아버지 영조의 진실한 마음이 녹아있는 것이다.

한편 영조는 아들이 자신에 비하면 너무나 좋은 환경인데 무슨 걱정이 있어 비행을 일삼으며 살아갔는지 이해할 수 없다는 안타까움도 적어놓았다.

영조에 비하면 사도세자는 걱정할 일이 없었다. 2세에 이미 왕세자로 책봉되었고, 영조에게 두 왕비가 있었지만 모두 자녀를 낳지도 못했고, 동복이나 이복형제조차도 없었다. 누가 역모를 꾀할 염려도 없었는데 도무지 왜? 무엇 때문에 방탕한 생활을 했는지 아버지 영조는 답답하기만 했다. 영조는 이러한 심정을 글로 써서 토로했던 것이다. 몇 번이나 죽음을 넘나들다 어렵게 왕위에 오른 영조로서는 자신과 비교해 보았을 때 사도세자를 도저히 이해하기 어려웠던 모양이다.

다행히 폐세자 딱지를 뗀 사도세자

사도세자는 왕세자로 책봉된 지 26년 만에 서인으로 강등되어 현재 창경궁 숭문당崇文堂 근처 문정전 자리에 있었던 휘녕전徽寧殿 앞으로 끌려나왔다. 그리고는 가져다 놓은 뒤주 속으로 들어갈 수밖에 없었다.

곡물을 담아두는 뒤주가 사도세자에게는 흉기가 되어 그를 죽음에 이르게 할 줄이야. 대청마루나 광에 놓여있어야 할 뒤주가 그런 땡볕에 해바라기가 되어 있을 일이 아니었다. 아무튼 용도를 이탈한 뒤주 속에서 사도세자는 8일 만에 굶어 죽어 갔다. 그가 곡물도, 바구미도, 나방

● 창경궁의 문정전 뒤쪽에 있는 숭문당이다. 숭문당은 글을 숭상한다는 뜻을 가지고 있다. 왕이 신하와 경연을 열어 정사와 학문을 토론하던 이곳의 현판 글씨는 영조의 친필이다. 글을 숭상하면서 사람은 숭상하지 않은 게 탈이 되었다.

● 251년 전 1762년(영조 38년) 사도세자가 뒤주 속에 갇혀 8일간 처참한 모습으로 굶어 죽어가는 모습을 지켜 보았을 창경궁의 선인문 앞 회화나무의 봄과 늦가을 모습이다. 아마 사도세자와 함께 눈물을 흘렸을지도 모른다. 수령 400년가량으로 추정되는 회화나무가 많이 휘어져 힘들어 보인다. 수없이 많은 비극적인 사건을 지켜본 회화 나무다.

도, 쌀벌레도 아니니 땡볕 아래서 죽어간 것은 어쩌면 당연한 일이었 다. 음력으로 오뉴월 그것도 윤달이었으니 가장 무더울 때다. 사도세자 가 뒤주에 갇혀 쪼그리고 앉아있는 8일 동안 약간의 비가 흩뿌렸을 뿐 햇볕이 쩅쩅 내리쬐었다고 한다.

사도세자가 뒤주 속으로 들어간 뒤 문이 닫히고, 덜컥 자물쇠가 채 워지는 순간 그 누구도 그가 살아서 다시 뒤주 밖 세상과 만난다는 것 은 생각조차 하기 어려웠을 것이다. 아마 사도세자만이 뒤주 밖의 세상 을 꿈꾸고 있다가 끝내 뒤주 속에서 서서히 그 꿈을 접어갔을 것이다.

사도세자가 갇힌 뒤주는 얼마 후 선인문 앞 회화나무 근처로 옮겨 졌다. 그 회화나무는 아직도 싱그럽게 살아있다. 국보 제249호인 〈동 궐도〉에도 그 회화나무가 있다. 사도세자가 죽은 곳이 바로 이 회화나 무 근처로 비극적인 사건이 많이 발생한 선인문과 마주하고 있다.

선인문은 연산군이 중종반정으로 폐위되어 궐 밖으로 쫓겨난 문이

● 조선 제21대 왕 영조의 차남인 뒤주 왕자 사도세자가 그의 부인 혜경궁 홍씨와 융릉에 합장되어 잠들어 있다. 장명등을 비롯한 석물들의 조각이 너무 아름다워 눈물이 난다. 이처럼 아름다운 왕릉은 없다. 정조도 아버지 사도세자의 능을 최고로 멋지게 조성해 드렸으니 그나마 편히 눈을 감을 수 있었을 것이다. 사도세자는 왕세자의 신분으로 세상을 떠났지만 아들 정조는 왕릉에만 세우는 무석인을 세웠고 그 옆에 석마도 설치했다. 그런데 문석인 옆에는 석마를 세우지 않았다.

사도세자는 그렇게 참극의 주인공이 되어
죽어갔지만 그래도 다행한 일은 5명의 폐세자 중
유일하게 복위되었다는 것이다. 그는 뒤주 속에
갇혀 있었던 8일 동안만 폐세자의 신분이었다.
그가 죽은 뒤 바로 사도思悼라는
시호가 내려졌기 때문이다.

● 비각의 왼쪽 비석에는 '조선국 사도장헌왕세자현륭원(朝鮮國 思悼莊獻世子顯隆園)'이라고 쓰여 있고, 오른쪽 비석에는 '대한 장조의황제융릉 헌경의황후부좌(大韓 莊祖懿皇帝隆陵 獻敬懿皇后附左)'라 쓰여 있다. 그런데 비석에 6·25의 상흔인지 총알 자국이 여기저기 많이 남아있다. 그래도 사도세자가 죽어서나마 왕으로, 황제로 추존되어 다행이다. 폐세자가 된 후 복위된 왕세자는 사도세자가 유일하다. 거기에 왕으로, 황제로까지 추존되었으니 죽어서나마 행복한 왕세자가 되었다.

며, 소현세자가 창경궁의 환경전에서 급사한 뒤 인조가 자신의 수라에 소현세자 빈 민회빈 강씨가 독을 넣어 자신을 죽이려 했다며 궐 밖으로 쫓아낸 다음 사약을 내려 사사시킨 문이다. 또 장희빈이 인현왕후 민씨를 죽이고 자신이 다시 왕비가 되기 위해 주술 행위를 한 현장이 발각되어 지아비인 숙종에 의해 사약을 받고 사사된 뒤 시신이 나간 문이며, 뒤주 왕자 사도세자가 뒤주 속에서 처참한 모습으로 죽은 뒤 시신이 나간 문이기도 하다.

사도세자는 그렇게 참극의 주인공이 되어 죽어갔지만 그래도 다행한 일은 5명의 폐세자 중 유일하게 복위되었다는 것이다. 그는 뒤주 속에 갇혀 있었던 8일 동안만 폐세자의 신분이었다. 그가 죽은 뒤 바로 사도思悼라는 시호가 내려졌기 때문이다.

삼복더위에 그는 뒤주 속에서 무슨 생각을 하다가 세상과 하직했을

지 궁금하다. 그동안 자신이 저지른 광폭한 행동에 대해 속죄를 했는
지? 부인 혜경궁 홍씨와 세손인 아들 정조의 안위를 걱정했는지? 아니
면 염라대왕보다 더 무서운 아버지 영조에 대한 노여움만 가득 품고 생
을 마감했는지? 이는 사도세자 자신만이 알 수 있는 일이다.

과인은 사도세자의 아들이다

유일하게 폐세자 딱지를 뗀 사도세자가 죽고 난 뒤에도 영조는 10년
이상을 더 살다가 83세의 나이로 1776년(영조 52년) 죽었다. 그러자 사
도세자의 아들인 정조가 왕통을 잇게 되었다.

정조는 조선의 제22대 왕으로 즉위하면서 "과인은 사도세자의 아
들이다."라고 공포를 했다. 정조는 사도세자가 자신의 아버지임을 만천
하에 알린 것이다. 그리고는 사도세자를 장헌세자로 추존했다. 정조가
효장세자에게 양자로 갔기 때문에 호적상 정조의 아버지는 효장세자
였다.

그리하여 정조는 비극적인 생을 맞이한 그의 생부 사도세자의 명예
를 회복시켜 드리지 못했다. 사도세자가 아무리 왕의 친아버지여도 정
조는 그를 왕으로 추존할 수 없었다. 안타깝지만 양부인 효장세자만 왕
으로 추존했다. 그때 정조의 심정이 어땠을지 짐작이 가고도 남는다.

● 사도세자의 사당인 경모궁이 있던 자리에 서울대학교 병원이 들어서 있다. 현재 세 개의 신문 중 한 문과 정당 터만이 애써 그 흔적을 말해주고 있다.

다행히 사도세자는 대한제국 광무 3년인 1899년(고종 36년) 9월 장조로 추존되었다. 그리고 같은 해 12월 장조의황제로 추존되었다. 그에 따라 그가 잠들어 있던 현릉원이 능호가 내려져 융릉이 되었으며 신주도 현재 서울대학교 병원이 들어선 경모궁에서 종묘로 옮겨져 후손들의 극진한 대접을 받게 되었다. 이 사실은 누구보다 정조가 가장 기뻐할 일이다.

경모궁이 있었던 자리는 원래 함춘원 자리다. 사도세자의 사당은 원래 수은묘로 중구 순화동에 있다가 1764년(영조 40년)에 서울대학교 병원 자리에 있었던 함춘원으로 옮겨졌다. 함춘원은 성종 때 조성한 창경궁의 후원으로 나무와 꽃들이 심어져 있던 곳이다. 그 규모가 낙산까지 이어질 정도로 컸다고 한다.

이곳에 옮겨진 사도세자의 사당은 1776년(정조 즉위년) 건물을 개축하고, 경모궁으로 격상하여 부르게 되었다. 그 후 사도세자가 왕으로 추존되어 신주가 종묘에 모셔짐에 따라 1900년(광무 4년) 이곳에 태조, 세조 등 6조 임금의 어진이 모셔지게 되었다. 그 후 6·25때 건물이 소실되었으며 한일합병 후에는 경성제국대학교의 법문학부와 의학부가 들어서게 되었다.

사도세자가 부인 혜경궁 홍씨와 합장되어 잠들어 있는 융릉을 관람하다 보면 정조는 부모님을 위해 태어난 아들임을 확인할 수 있다. 누구보다 사도세자를 위해 태어난 아들임을 알 수 있다. 사도세자가 죄인의 몸이 되어 세상을 떠나고 그의 아들 정조는 왕위에 오르기 전까지 14년 동안 마음을 졸이며 살았다. 그러는 동안 7차례의 암살시도가 있었다고 한다. 정조는 암살 위협에 하루도 맘 놓고 누워서 잠을 이룰 수 없었다.

사도세자는 죽자마자 조울증에서도 벗어났을 것이고, 마음도 편안해졌을 것이다. 그는 효성이 지극한 아들 정조 덕분에 살아서는 왕이 되지 못했지만 죽어서나마 왕으로, 황제로까지 추존될 수 있었다. 또한

● 융릉의 병풍석 인석에 조각된 연꽃봉오리는 보면 볼수록 아름다워 가슴까지 설렌다. 한편으로는 꽃도 피우지 못하고 그대로 져버린 사도세자의 인생을 표현해놓은 것 같아 가슴 뭉클하다. 병풍석의 조각도 아름다움의 극치를 보여주고 있다. 융릉 외 다른 추존왕릉에는 병풍석이 둘러져 있지 않다. 실제 왕릉 중에도 병풍석을 두르지 않은 왕릉이 많다. 그런데 정조는 아버지께 조선왕릉 최고의 병풍석을 둘러드렸다.

그의 후손들이 제22대 왕 정조에 이어 제23대 왕 순조, 추존왕 문조, 제24대 왕 헌종, 제25대 왕 철종, 제26대 왕 고종, 제27대 왕으로 조선의 마지막 왕인 순종 대까지 왕위를 이어갔다.

사실 사도세자는 영조의 적자도 아니었다. 영조의 원비인 정성왕후 서씨(1692~1757)가 아들을 낳지 못해 후궁의 소생으로 태어났지만 100일이 되던 날 그녀의 양자로 들어가 왕세자로 책봉되었다. 사도세자의 친어머니는 영빈 이씨(1696~1764)다.

사도세자는 그를 아껴주던 대왕대비였던 숙종의 제2계비 인원왕후 김씨(1687~1757)와 영조의 원비 정성왕후 서씨(1692~1757)가 한 해에 다 돌아가시고 난 후 병증이 더 심해졌다고 한다. 정성왕후 서씨의 국상 중에 숙종의 제2계비 인원왕후 김씨도 세상을 떠났다. 사도세자는 염라대왕처럼 무섭기만 했던 아버지 영조나 생모인 영빈 이씨보다 할머니 인원왕후 김씨와 어머니 정성왕후 서씨를 더 의지하고 좋아했다.

파묘 자리에 할아버지 영조를 묻다

조선 제22대 왕 정조는 아버지를 죽음으로 몰아간 할아버지를 좋아할 수 없었을 것이다. 조선 왕릉을 보면 선왕과 다음 왕과의 사이가 좋고 나쁨에 따라 왕릉의 규모도 달랐음을 알 수 있다.

태종의 능만 보아도 알 수 있다. 조선을 건국한 태조의 건원릉보다 훨씬 더 웅장하게 조성되어 있다. 석물도 다른 능들에 비해 배로 많고 석물의 크기 또한 월등히 큼을 확인할 수 있다. 강한 군주라고 능을 웅장하게 조성한 것만도 아니다. 조선왕조 역사상 가장 긴 재위기간을 자랑하고 있는 제21대 왕 영조의 능을 보면 알 수 있다.

영조의 능은 다른 왕릉에 비해 초라하기 그지없다. 그것도 제17대 왕 효종의 영릉寧陵이 있던 파묘 자리에 묘를 썼다. 효종의 영릉은 석물에 틈이 생겨 비가 내리면 스며들어 불길하다고 하여 제4대 왕 세종과 소헌왕후 심씨가 잠들어 있는 여주의 영릉英陵 근처로 천장했다.

그런데 정조는 사가에서도 쓰지 않는다는 파묘 자리에 할아버지 영조의 능을 조성했다. 원래 영조는 자신의 아버지 숙종이 잠들어 있는 서오릉 내에 묻히길 원했다. 그리하여 먼저 세상을 떠난 자신의 원비 정성왕후 서씨 곁에 우허제右虛制제까지 만들어 놓은 상태였다. 그러나 정조는 아버지를 살려달라고 그렇게 애원을 했는데 들어주지 않았던 할아버지를 서오릉과 정반대 쪽 동구릉에 묻었다.

● 사도세자의 아버지 영조는 계비 정순왕후 김씨와 함께 정조가 조성해준 동구릉의 원릉(왼쪽)에 나란히 잠들어 있다. 사도세자를 극진히 보살펴준 영조의 원비 정성왕후 서씨는 아직도 서오릉의 홍릉(오른쪽) 우허제 곁에서 영조를 기다리고 있다. 영조가 원비 곁으로 가겠다는 약속으로 우허제를 설치해 놓았기 때문이다. 그러나 정조는 원비 정성왕후 서씨 곁에 할아버지를 묻어드리지 않고 효종의 영릉 파묘 자리에 계비 정순왕후 김씨와 함께 묻어드렸다. 홍릉은 조선왕릉 중 왕의 능침 자리가 비어있는 유일한 왕비릉이다.

● 정조가 왕위를 아들 순조에게 물려주고 어머니 혜경궁 홍씨와 아버지 사도세자가 잠들어 있는 수원 화성에 내려가 살려고 조성한 화성행궁이다. 정조는 1795년(정조 19년) 윤 2월 9일~16일까지 8일 동안 사도세자의 회갑을 맞아 화성행궁에서 어머니 혜경궁 홍씨의 회갑연을 성대하게 열어드렸다. 사도세자와 혜경궁 홍씨는 동갑이다.

영조와 함께 잠들고 싶다고 영조의 계비 정순왕후 김씨가 원했는지는 모르나 정조의 사무친 원한이 영조의 능 조성에 고스란히 스며들었을 것으로 보인다. 정조는 파묘 자리에 할아버지를 묻고, 경기도 양주의 홍지에 있던 그리운 아버지 사도세자의 묘를 경기도 화성으로 이장했다. 그리고는 매년 능행을 거르지 않았다. 그만큼 정조는 아버지를 죽게 내버려둔 할아버지가 미웠을 것이다.

영조는 재위기간 51년 7개월, 83세까지 사는 동안 2명의 왕비를 두었지만 원비나 계비에게서는 왕자를 얻지 못했다. 후궁에게도 2명의 왕자를 얻었을 뿐이다. 그러나 정빈 이씨 소생인 효장세자와 영빈 이씨의 소생인 사도세자는 왕위에 오르지 못하고 둘 다 죽었다. 다행히 사도세자가 정조 외 후궁들에게서 아들 셋을 낳아놓고 죽어 철종 이후에는 그의 후궁들이 낳은 아들들의 후손이 왕위를 계속 이어갔다. 그로 인하여 비운의 왕세자 중 한 사람이었던 사도세자의 아픔이 저승에서 나마 조금은 씻겼을 것이라 여겨진다.

사도세자에게 아들을 낳아준 혜경궁 홍씨

혜경궁 홍씨(1735~1815)는 사도세자(1735~1762)의 부인으로 제22대 왕 정조의 어머니다. 그녀는 아들 정조를 잘 둔 덕분에 남편 사도세자와 함께 늦게나마 왕비로 추존되었다.

그녀는 혜경궁 홍씨로 더 알려져 있다. 그녀는 영풍부원군 홍봉한 과 한산부부인 이씨의 4남 3녀 중 2녀로 1735년(영조 11년) 태어났다. 그녀는 추존왕이 된 장조의 비로 제22대 왕 정조를 낳아 왕으로 만들 었다. 그녀의 본관은 풍산이다.

그녀는 1744년(영조 20년) 동갑내기 사도세자를 맞아 10세에 왕세 자빈으로 책봉되어 가례를 올렸다. 그러나 1762년(영조 38년) 사도세자 가 처참하게 죽어가는 것을 그냥 지켜보아야만 했다. 사도세자가 죽은 뒤 차남인 정조가 세손으로 책봉되었으며, 혜빈의 시호를 받았다.

그 후 1776년(정조 즉위년) 아들 정조가 시아버지 영조의 뒤를 이어 왕위에 오르자 궁호가 혜경으로 올랐고, 1899년(광무 3년) 사도세자가

● 연세대학교 교정에 있었던 사도세자의 생모 영빈 이씨의 수경원이 1968년 서오릉 경내로 옮겨졌다. 그녀는 이곳에서 몸만 빠져나갔다. 현재도 연세대학교 교정 옛 수경원 터에는 정자각과 비각이 남아있다. 봉분 자리에는 연세대학교 대학교회와 주차장이 조성되었다.

장조로 추존됨에 따라 헌경왕후로 추존되었다. 아들 정조가 사도세자와 혜경궁 홍씨를 왕과 왕비로 추존하지 못하고 세상을 떠났지만 다행히 고종 대에 가서 추존되었다.

그녀의 아버지 홍봉한과 숙부인 홍인한은 외척이면서도 당색이 달랐던 사도세자의 살해를 지지하는 입장에 있었다. 그런 까닭에 그녀 역시도 사도세자의 참담한 운명을 그대로 지켜볼 수밖에 없었다. 자칫 잘못하다가는 친정 가문은 물론, 자신과 아들 정조마저 폐세손이 되어 죽음을 맞이할 수도 있었기 때문이다.

남편 사도세자는 병증 탓도 있었지만 사실은 정치의 희생양이 되었다. 사도세자는 소론 지지자로 진보주의자였으니 집권세력인 처가와도, 아버지 영조와도 당색이 달랐다. 그는 이복형 경종이 지지했던 소론을 지지하고 있었다. 영조는 노론의 지지를 받고 왕위에 올랐으니 당

● 영조와 사도세자를 괴롭혔던 계비 정순왕후 김씨가 동구릉의 원릉에 나란히 잠들어 있다. 영조의 제2후궁으로 사도세자의 생모 영빈 이씨는 연세대학교에서 서오릉으로 천장되어 수경원에 홀로 잠들어 있다.

연히 노론을 지지하는 편에 있었다.

사도세자는 1749년(영조 25년) 영조의 명에 따라 대리청정을 시작하면서 남인, 소론, 소북 세력 등을 가까이하기 시작했다. 이에 불안해진 노론은 정치적으로 압박을 가하며 영조에게 온갖 모략을 고했다. 노론 세력과 그들에게 동조하던 영조의 계비 정순왕후 김씨, 숙의 문씨 등도 사도세자와 영조 사이에 별의별 이간질을 다했다.

여기에 사도세자의 생모인 영빈 이씨에게서 한 핏줄로 태어난 화평옹주, 화협옹주, 화완옹주까지 합세했다. 그들은 모두 노론 집안에서 시집을 왔거나 시집을 간 여인들이었다. 도무지 가화만사성家和萬事成이 안 되는 왕실이었다. 그 정도로 당파를 중요시했던 시대였다.

점점 사도세자가 설 자리는 좁아졌다. 처가인 혜경궁 홍씨 집안은 물론, 생모 영빈 이씨 집안이나 여동생들의 시댁이 모두 노론집안이었기 때문이다. 영조의 후궁 숙의 문씨가 낳은 옹주들도 노론 집안으로 시집을 갔기 때문에 아무도 소론을 지지하는 사도세자의 편을 들어주

● 청와대 밖에서 바라본 칠궁과 청와대 경내에 들어가 옆에서 찍은 선희궁이다. 사도세자의 어머니 영빈 이씨의 신주가 모셔 있는 사당 선희궁은 추존 원종의 어머니 인빈 김씨의 저경궁, 경종의 어머니 희빈 장씨의 대빈궁과 나란히 있다. 선희궁은 손자며느리인 순조를 낳은 정조의 후궁 수빈 박씨의 경우궁과 한 건물에 합사되어 있다. 선희궁 현판이 경우궁 현판 뒤에 걸려 있다. 이 건물 안에 두 분의 신주가 각각 모셔 있다. 왕을 낳은 7명의 후궁들의 신주를 모신 칠궁은 원래 영조의 생모 숙빈 최씨의 사당이었다.

지 않았다.

그래도 가장 이해가 안 되는 것은 부인인 혜경궁 홍씨도 그렇지만 사도세자의 생모 영빈 이씨다. 사도세자의 생모 영빈 이씨 또한 아들인 사도세자의 편을 들어주었다는 그런 기록을 보지 못했다.

사도세자의 어머니 영빈 이씨는 오히려 사도세자의 죽음에 딸들과 함께 가세했고, 사도세자가 뒤주에 갇혀있던 동안에도 동요하지 않았다고 한다. 아무리 노론 집안 출신이라지만 자식까지 버리고 친정가문을 지키려했던 것이 이해가 안 된다. 그만큼 가문의 안녕을 중요시했던 시대였던 모양이다.

"아들의 죄는 이 어미가 대신 받을 테니 제발 아들을 살려 달라."며 며칠이고 영조 앞에 무릎 꿇고 빌고 또 빌었다는 이야기는 어디에서도 들어보지 못했다. 그녀는 아들을 살려달라고 영조에게 적극적으로 매

달리지 않았던 것 같다. 혹시 그녀가 아들의 병세를 알고 있었기에 친정 가문은 그렇더라도 왕세손 모자라도 지켜주기 위해 수수방관袖手傍觀한 것은 아닌지 모르겠다. 아들 사도세자가 뒤주에 갇혀 굶어 죽어가고 있는데 자신의 목숨, 친정가문과 딸들의 시댁 가문이 몰살당하는 것이 두려워 그랬으리라고는 생각하지 않는다.

하지만 어머니 영빈 이씨는 그 아들 덕분에 왕의 어머니가 되어 후손들에게 대접 받고 있다. 따지고 보면 그녀가 지켜주지 못한 사도세자의 아들 정조 덕분이겠지만 말이다.

그녀는 상처만 안겨준 손자가 그나마 있어 아들이 왕으로 추존되었고 그 덕에 왕을 낳은 어머니 반열에 올라서게 되었다. 또 그녀는 그토록 아버지를 그리워하면서 살아간 손자 덕분에 묘가 아닌 원에 잠들어 있다. 그녀의 원호는 수경원으로 서오릉 능역 안에 위치해 있다. 그리고 왕을 낳은 후궁들의 신주가 모셔져 있는 칠궁에 신주도 자리하고 있다. 죽음에서 지켜주지 못했던 사도세자가 장조로 추존되어 그녀는 왕을 낳은 어머니가 되었기 때문이다.

사도세자는 결국 아버지 영조에게는 물론 부인과 어머니, 핏줄들 모두에게서 버림받은 존재가 되었다. 그들은 자식보다, 남편보다, 오빠보다 친정가문을 지킨 무서운 여인들이었다. 이 모든 것을 목격했던 나이 어린 정조의 마음은 어땠을까? 그랬음인지 정조는 평생 동안 아버지를 그리워하면서 살아갈 수밖에 없게 되었다.

아버지 사도세자가 죽어갈 때 정조의 나이는 겨우 11세였다. 큰 상처를 입은 정조 곁에 다행히 어머니 혜경궁 홍씨가 살아서 지켜주었으니 천만다행이다. 혜경궁 홍씨는 정조보다 훨씬 더 오래 살아 아들의 죽음까지 지켜본 왕의 어머니다.

혜경궁 홍씨 이 참사를 《한중록》에 남기다

사도세자의 부인 혜경궁 홍씨는 시아버지의 손에 죽어간 남편의 참사를 중심으로 자신의 한 많은 일생을 자전적 사소설체로 쓴 《한중록》을 남겼다. 이는 궁중문학의 효시가 되고 있다.

그녀는 《한중록》에서 사도세자의 병증에 대해 11세부터 28세까지 자세히 기록해 놓았다. 사도세자는 18~19세부터 가슴이 두근거리는 증세가 나타났다고 한다. 취선당이나 소주방에 숨어들어가 오랫동안 머물다 나오곤 했으며 우물에 뛰어들려는 자살시도도 여러 번에 걸쳐 있었다고 했다. 사도세자가 요즘 유행하는 공황장애란 병에 걸렸던 게 아닌가 싶다.

혜경궁 홍씨의 마음이 《한중록》에 녹아있는 것은 사실이다. 그러나 자신의 생각을 솔직히 썼을지는 의문이다. 그 당시 그녀는 남편을 죽인 시아버지 영조를 옹호하는 글을 쓰기도 힘들었을 것이고, 비판하는 글을 쓰기는 더더욱 그랬을 것이다.

그래도 남편은 이미 세상을 떠났고, 실권이 노론 세력과 시아버지 영조에게 있었으니 영조를 더 이해하는 글을 썼을지도 모른다. 그리고 그녀의 친정가문과 정조의 앞날을 위해서라도 당색이 달랐던 남편을 생각하는 글은 자제했을 것이다. 생각해보면 혜경궁 홍씨는 부부애보다 모성애를 택한 여인이다.

사도세자는 이처럼 부인에게도 사랑을 받지 못하고 불쌍하게 죽어가야만 했다. 사도세자의 병에 대해 혜경궁 홍씨가 가장 많이 알고 있었을 것이다. 그러나 별 치료방법이 없었던 모양이다. 자리에 누워있는 것도 아니었기에 그 당시로서는 정신적인 병을 심각하게 생각하지 않았을지도 모른다.

조선의 왕비들은 혼례를 치른 뒤에는 친정 가문을 따르지 않고, 대부분 남편을 따라 당적을 옮겼다. 그런데 혜경궁 홍씨만은 끝까지 예외였다고 한다. 한편으로 생각하면 그녀는 노론 집안인 친정을 지키기 위해 남편도 버린 무서운 여인일 수 있다. 남편의 죽음을 방관한 자신과 친정 가문을 옹호하기 위해《한중록》을 썼다는 학자들의 말도 어쩌면 일리 있는지도 모른다.

그러나 그녀는 끝내 친정 가문을 지켜내지 못했다. 아들 정조에 의해 사도세자를 죽게 만든 그녀의 친정 가문을 비롯한 노론 세력들이 처벌을 받았기 때문이다. 혜경궁 홍씨는 친정 가문을 위해 남편의 편에

서지 않았지만 친정 가문을 처벌하는 아들은 말리지 못했다. 아들 정조는 아버지의 죽음을 지켜주기는커녕 부추긴 외가 식구들이 가장 섭섭했을 것이다. 어머니에게 자식은 남편보다, 부모보다 더 위에 있음을 혜경궁 홍씨만 봐도 알 수 있다.

남편 몫까지 복을 누린 혜경궁 홍씨

죽어가는 남편을 보면서 혜경궁 홍씨의 마음은 어떠했는지 궁금하다. 그녀가 쓴 《한중록》에 안타까운 마음이 녹아있지만 사도세자만 비극적인 죽음을 맞았다. 그녀는 끔찍한 모습으로 죽어간 사도세자와는 달리 아들 정조로 인하여 살아생전 극진한 대접을 받으며 생활하다가 정조보다 늦게 세상을 떠났다.

그녀가 환갑을 맞은 해인 1795년(정조 19년)에 쓴 《한중록》은 문장이

● 창경궁의 통명전과 양화당. 통명전 언덕 위 숲속에 혜경궁 홍씨의 침전인 자경전이 있었다. 그 터에서 사도세자의 신주를 모셔놓았던 경모궁 자리(현재 서울대학교 병원)가 마주 건너다 보인다.

섬세하고 담백하여 《인현왕후전》과 아울러 궁중문학의 쌍벽으로 평가되고 있다. 사도세자와 인현왕후 민씨의 가슴 아픈 희생이 있었기에 문학작품이 탄생했다. 그들의 희생이 오늘날까지 후손들의 가슴을 촉촉이 적셔준다. 그들의 아픈 상처가 조금이라도 치유되었으면 좋겠다. 아마 많은 독자들이 그들의 마음을 헤아려주고 있으니 이미 치유가 되었을지도 모른다.

혜경궁 홍씨와 사도세자 사이에는 아들이 한 명 더 있었다. 그가 정조의 형 의소세손(1750~1752)이다. 의소세손은 의소세자 또는 의소태자로 불리기도 한다. 그는 영조의 장손이자, 사도세자와 혜경궁 홍씨의 적장자이다. 이름은 정(琔)이고, 시호는 의소이며, 정조의 친형이다. 그는 또 은언군, 은신군, 은전군의 이복형이다. 그런데 의소세손은 3세에 사망하고 말았다. 그리하여 그가 사망한 1752년(영조 28년)에 태어난 정조가 세손으로 책봉되었고, 왕위에도 오르게 되었다.

영조는 장손인 의소세손에게 바치는 애도 편지도 그랬지만 문장력이 대단했던 것 같다. 무엇보다 영조는 심금을 울리는 가슴 뭉클한 문장을 만들어내는 귀재였다. 83년간 영조의 삶이 가슴 뭉클한 삶의 연속이었기 때문인지도 모른다.

혜경궁 홍씨에게 의소세손이 세상을 뜬 후 정조가 태어난 것은 그야말로 삶의 희망이었다. 정조의 탄생은 그녀가 살아갈 이유가 되었다. 장남 의소세손은 고종 때 왕세자와 태자로 추존되었다. 의소세손은 현재 서삼릉의 의령원에 잠들어 있다. 원래 서울특별시 서대문구 북아현동 294번지 중앙여고 안에 잠들어 있었는데 1949년 서삼릉으로 천장되었다. 의소세손은 부모님과 친동생과는 멀리 떨어져 잠들어 있으나 조카인 정조의 장남 문효세자가 잠들어 있는 효창원과는 바로 이웃하고 있다.

천수를 다한 사도세자의 부인 혜경궁 홍씨

사도세자의 부인 혜경궁 홍씨는 1815년(순조 15년) 81세의 나이로 세상을 떠났다. 남편 사도세자보다 무려 53년을 더 살았고, 장남인 의소세손보다 63년, 차남 정조보다는 15년을 더 살았다. 그녀는 손자 순조가 왕위에 올라있을 때 세상을 떠났다. 그녀는 아들 정조로 인해 기쁨도 맛보았겠지만 남편인 사도세자의 죽음을 생각하면 우울한 날이 훨씬 더 많았을 것이다.

정조는 죽어서까지도 부모를 곁에서 모시겠다는 일념으로 아버지 사도세자의 묘를 천장했다. 그는 55세 이후 왕위를 왕세자에게 물려주고 혜경궁 홍씨와 사도세자가 잠들어 있는 화성에 내려와 효를 다하며 살고자 했다. 그러나 정조는 그 꿈을 이루지 못하고 49세의 나이로 안타깝게 눈을 감고 말았다.

그의 묘는 유언에 따라 아버지 사도세자의 발치에 조성되었다. 그후 정조는 효의왕후 김씨(1753~1821)가 죽자 건릉의 자리가 흉지로 판명되어 아버지의 발치에서 오른쪽 동산으로 천장되었다.

정조는 할아버지 영조의 능보다 아버지 사도세자의 능을 더 화려하게 조성했다. 조선의 왕들 중 재위기간이 가장 길었던 영조였지만 그의 능은 오히려 초라하다.

할아버지에 대한 정조의 사무친 원한의 표출이었을까. 52년의 재위기간에 비해 영조의 능은 초라한 편이다.

정조는 할아버지의 묘 자리와 달리 경기도 양주의 흉지에 있던 아버지 사도세자의 묘는 길지 중의 길지를 찾아 경기도 화성으로 이장했다. 그리고는 화성으로 매해 능행을 했다. 그만큼 아버지를 죽음으로 몰고 간 할아버지가 미웠을 것이다. 누구든 그런 정조의 마음을 이해할 것으로 본다.

● 2011년 발굴된 정조의 건릉 초장지와 천장 후 현재의 모습이다. 1800년 정조가 세상을 뜨자 생전에 아버지 사도세자의 발치에 묻히기 원했던 뜻을 받들어 옛 강무당 터(옛 군사훈련장)에 정조의 건릉을 조성했다. 그런데 1821년(순조 21년) 정조의 비 효의왕후 김씨가 승하하면서 21년 만에 이 자리가 길지가 아니라면서 사도세자의 발치가 아닌 융릉의 서쪽 산줄기로 천장하여 정조와 효의왕후 김씨를 합장했다. 아파트를 짓기 위해 터를 닦다가 건릉의 정자각 터가 발굴되어 조사에 들어간 결과 그동안 몰랐던 정조의 초장지였음이 드러났다.

혜경궁 홍씨는 정조가 조성해 놓은 자리에 사도세자와 함께 합장되었다. 그녀의 능호는 남편의 능호를 따라 융릉隆陵이다. 남편 사도세자의 무덤 이름은 여러 번 바뀌었다. 처음에는 수은묘라 부르다가 영우원으로 바뀌었고, 다시 천장하면서 현륭원으로 바뀌었다. 그리고 고종 때 왕으로 추존되면서 최종적으로 융릉이 되었다.

고종은 대한제국으로 선언한 지 2년이 지난 1899년(고종 36년) '장헌세자'를 '장조'로 올리고 '현륭원'을 '융릉'으로 높여 능으로 대우했다. 고종은 사도세자를 왕으로 추존한 뒤 이듬해 직접 쓴 비석을 융릉에 추가로 세웠다. 그리하여 융릉 비각 안에는 1789년(정조 13년) 세운 현륭원 비석과 1900년(고종 37년)에 만든 융릉 비석이 나란히 세워져 있다. 증손인 고종에게 무덤 속에서나마 정조가 무척이나 고마워할 것으로 보인다.

아버지의 억울함을 모두 씻어준 정조

효자였던 정조는 조선 제17대 왕 효종과 인선왕후 장씨의 영릉寧陵을 천장할 때 다시 폐지하기로 한 병풍석을 융릉에 만들어 왕릉처럼 멋지게 꾸며주었다. 세조가 왕릉을 조성할 때 경비를 줄이기 위해 처음으로 병풍석 설치를 하지 말도록 했는데 세조 이후 대부분의 왕들은 병풍석을 설치했다. 그러나 제17대 왕 효종부터 제25대 왕 철종까지는 왕릉에 병풍석이 설치되지 않았다.

하지만 정조는 사도세자가 왕으로 추존되지 않아 능제陵制가 아닌 원제園制의 기준에 따라야 했음에도 온갖 정성을 들여 무덤을 조성했다. 정조는 아버지 사도세자의 한을 풀어주기 위해 태어난 아들처럼 누구보다 화려하고 아름답게 묘를 꾸며주었다. 보면 볼수록 화려함과 아름다움에 푹 빠지고 만다. 세계문화유산에 등재된 남한에 있는 40기의 왕릉을 모두 답사했지만 융릉보다 더 아름다운 조선 왕릉은 없다.

정조는 사도세자가 죽고 신주를 모신 경모궁을 자주 찾아 제향을 올렸다. 창경궁에서 경모궁으로 가는 월근문月覲門을 동북쪽에 별도로 만들어놓고 그곳을 통해 경모궁을 찾았다. 매월 초하룻날마다 이 문을 통해 사도세자의 사당인 경모궁을 참배한다는 뜻으로 월근문이라 이름지었다고 한다.

사도세자의 사당은 원래 순화방(서울시 중구 순화동)에 있었는데 1764년(영조 40년) 서울대학교 병원 자리로 옮겨오면서 수은묘라 이름 붙였다. 그 후 1776년 정조가 즉위하면서 이름을 경모궁으로 고치고 전각을 건립하여 더욱 격식을 갖추었다.

이곳은 원래 역대 왕들이 자주 들러 화초를 감상하고 활쏘기를 관람하는 궁궐의 동산 함춘원 자리였다. 이곳 경모궁에 모셔져 있던 사도세자의 신주는 1899년(고종 36년) 고종 황제가 장조의 존호를 올리고 종묘로 옮겨갔다.

그 후 유명무실해진 경모궁은 태조, 세조, 성종, 숙종, 영조, 순조 등 6명의 왕 어진을 모신 영희전으로 조성했다. 현재 그곳에는 흔적만 일부 남아있을 뿐 서울대학교 병원이 들어서 있다. 꽃동산이었다는 말을 무색하게 하고 있다.

정조는 1777년(정조 원년) 아버지의 신주를 모신 사당 경모궁과 마주 보이는 곳에 어머니 혜경궁 홍씨의 거처를 마련해주었다. 창경궁 통명전 뒤편 언덕 위 전망 좋은 곳에 자경전이 있었다. 그러나 그 흔적은 사라지고 현재 자경전 터가 있었음을 알리는 표석만이 자리하고 있다. 그 정도로 정조는 아버지를 그리워했다.

● 정조가 아버지 사도세자의 신주를 모신 경모궁으로 매월 초하룻날마다 참배를 가기위해 창경궁의 정문인 홍화문 북쪽 담장을 헐고 만든 효행문인 월근문이다.

뒤주왕자, 아들 정조 덕에 융릉에 편히 잠들다

사도세자(추존왕 장조)의 능호는 융릉隆陵으로 부인 혜경궁 홍씨(추존왕비 헌경왕후)와 합장릉으로 조성되었다. 현재 경기도 화성시 효행로 481번길 21 융·건릉 능역 안 융릉에 편안히 잠들어 있다. 융릉에서 왼쪽으로 난 산책로를 따라가면 건릉健陵이 나온다. 그곳에 효자인 정조와 효의왕후 김씨가 함께 잠들어 있다.

아쉽게도 정조는 아버지의 무덤과 가까이 있는 화성행궁에서 어머니를 모시고 오순도순 살아가려던 꿈을 이루지 못하고 세상을 떠나고 말았다. 그가 죽은 후 그의 유지대로 아버지가 잠들어 있는 융릉 동쪽 두 번째 언덕에 정조의 건릉이 조성되었다. 그러나 건릉의 자리가 길지가 아니라는 의견이 분분하여 효의왕후 김씨가 1821년(순조 21년) 사망

● 정자각 뒤에 있어야 할 능침이 정자각을 아예 비켜나 있다. 능침 앞에 정자각이 막혀 있으면 아버지가 답답할까봐 정조가 그렇게 조성하도록 지시했다는 것이다. 어두운 뒤주 속에서 비참하게 죽어간 아버지에게 환한 세상만을 보여주고 싶어 정자각에서 15도 각도 오른쪽으로 융릉을 조성한 효심 깊은 정조였다. 수복방마저 정자각의 오른쪽이 아닌 왼쪽에 수라간과 나란히 설치했다. 오른쪽엔 능침을 벗어난 비각만이 덩그러니 서 있다. 곡장 뒤 잉에서 바라본 융릉이다.

하자 현재의 자리로 옮겨 효의왕후 김씨와 합장되었다.

정조의 건릉 초장지는 용주사와 융릉 사이에 있었다. 어려서 비참하게 죽어가는 아버지를 목격한 정조는 죽어서라도 아버지 곁에 잠들어 효를 다하고 싶어 했다. 정조의 초장지가 발굴된 지는 몇 년 안 된다. 그 주변에 아파트를 건설하는 과정에 초장지가 발견되었다. 그동안 전혀 알지 못했는데 재실터와 건물지가 모습을 드러냈다. 그리하여 아파트 건설이 10년이 넘도록 시행되지 못하고 있다.

이래저래 정조의 효심에 가슴이 뭉클해진다. 사도세자는 열 아들 부럽지 않은 아들 정조를 낳았다. 정조는 아버지인 사도세자를 위해 태어난 아들임이 확실하다. 사도세자가 잠들어 있는 융릉을 찾아가면 누구든 그런 기분을 느끼게 될 것이다. 융릉의 석물들 하나하나를 살펴보다 보면 정조의 아버지에 대한 사랑이 눈물겹다.

● 넓은 박석 광장을 연상시키는 융릉의 참도이다. 신도와 어도 양쪽에 넓게 깔려 있는 박석이 능 참배도 전에 긴 장감을 불러일으킨다. 신도와 어도의 오른쪽은 문관이, 왼쪽은 무관이 제향을 올리는 곳이다. 무관석이 문관석보다 배는 넓어 보인다. 무관에 가까웠던 아버지를 생각하여 넓게 조성한 정조의 효심을 다시 한 번 엿볼 수 있다.

● 정조는 1795년(정조 19년) 을묘년에 아버지 사도세자의 회갑을 기념하고 동갑인 어머니 혜경궁 홍씨의 회갑
연을 화성행궁 봉수당에서 열어드리기 위해 아버지의 무덤 현륭원(융릉)과 새로 축조한 화성을 찾았다. 정조는
8일간 '행행(行幸:행복한 행차)'에 나섰다. 혜경궁 홍씨의 회갑연이 열렸던 봉수당이다.

　　병풍석은 두말하면 잔소리고, 장명등도 그렇고, 문무석인도 그렇고,
석양, 석호, 석마 등 조각의 아름다움에 가슴이 두근거린다. 병풍석 인
석의 연꽃봉오리는 신비스럽기 짝이 없다.

　　지금은 정조가 잠들어 있는 건릉과 사도세자가 잠들어 있는 융릉
사이에 산책로가 놓여있어 새들뿐 아니라 관람객도 오고가기 편하다.
그 산책로를 걸으면 효심이 저절로 생겨난다. 새들의 노래 소리도 한결
가볍게 들려온다.

　　융릉의 원찰이었던 용주사는 정조의 효심이 깃들어서인지 부모님
을 생각하게 하는 효찰孝刹처럼 느껴진다. 호성전에는 사도세자(추존왕 장
조), 혜경궁 홍씨(추존왕비 헌경왕후), 정조와 효의왕후 김씨의 위패가 모셔
져 있다. 호성전 앞마당에는 가슴을 뭉클하게 하는 '부모은중경탑비'가
세워져 있다. 누구나 그 탑비 앞에 서서 글을 읽노라면 부모님 은혜에
저절로 숙연해진다.

● 청계천의 광교와 삼일교 사이에 길이 192m, 높이 2.4m의 크기로 타일 벽에 그려 놓은 〈정조대왕 능행 반차도〉의 모습이다. 능행도에 어머니 혜경궁 홍씨가 탄 가마의 모습이 보인다. 어머니 혜경궁 홍씨의 뒤를 정조가 말을 타고 따른다. 의궤에서 왕의 모습은 볼 수 없다. 왕은 존귀한 분이라 빈 말만 그려놓는다. 〈정조대왕 능행 반차도〉를 비롯한 〈원행을묘정리의궤〉는 김홍도를 비롯하여 뛰어난 화공들이 그렸다.

사도세자에게 밝은 세상을 선물한 정조

정조는 아버지 사도세자가 어두운 뒤주 속에서 답답하게 죽어간 것을 생각해 능침에서 앞이 훤히 보이게 능을 조성했다. 대부분 왕릉의 능침이 정자각에 가려 있는 것과 달리 융릉의 능침은 정자각 오른쪽으로 비켜 조성되었음을 알 수 있다. 또한 수복방이 능침의 시야를 가린다 하여 왼쪽에 설치된 수라간과 나란히 설치했다고 한다.

사도세자는 아들 정조를 잘 두어 완전히 명예회복했으며, 추존왕으로서 가장 멋진 왕릉을 선물 받았다. 정조 당시는 아직 왕으로 추존되지 않아 왕릉이 아닌 원으로 조성해야 했다. 그럼에도 정조는 왕릉 보다는 못하지만 원보다는 훨씬 좋게 조성했다.

그동안 왕릉에는 병풍석을 두르면 꼭 난간석을 둘렀다. 그런데 정

● 사도세자의 융릉 원찰이었던 용주사의 정문이다. 정조의 효심이 강조되면서 용주사는 우리나라 효심(孝心)의 본찰이 되었다

조는 아버지의 무덤에 차마 난간석까지는 두르지 못하고 대신 병풍석을 여느 왕릉보다 더 아름답게 꾸몄다. 그리고 문석인 곁에 석마를 생략하고, 왕릉에만 설치하는 무석인을 설치하고 그 곁에만 석마를 세웠다. 약간 덜 갖춘 왕릉으로 조성했던 것이다. 하지만 어느 왕릉보다 아름답다. 그 능침에서 사도세자는 밝은 세상과 영원히 함께할 것이다.

또한 융릉의 참도는 유난히 넓다. 신도와 어도에 박석이 깔려 있고, 양쪽으로도 아주 넓게 박석이 깔려 있다. 박석 광장을 연상하게 만든다. 넓게 깔려 있는 박석이 능 참배 전부터 긴장을 조성한다.

아버지를 위해 앞이 확 트이게 조성한 융릉을 보면서 정조 생각에 가슴이 아프다. 신도와 어도 오른쪽은 문관이, 왼쪽은 무관이 제향을 올리는 곳이다. 무관석이 문관석보다 배는 넓어 보인다. 무관에 가까웠던 아버지를 생각하면서 무관석을 넓게 조성한 정조의 효심을 또 한번

용주사에 들어서면 '부모은중경탑비'가 세워져 있다. 구구절절 부모님의 은혜에 대한 글로 누구든 읽노라면 가슴이 뭉클해진다.

엿볼 수 있다.

　사도세자를 뒤주 속에 들어가게 한 뒤 문을 닫고 자물쇠로 직접 채워 굶어죽게 만든 아버지 영조는 동구릉의 원릉에, 생모 영빈 이씨는 연세대학교 교정에서 옮겨 서오릉의 수경원에 각각 잠들었다. 아무리 왕과 후궁이었어도 살아서와 달리 죽어서는 함께 잠들지 못했다. 영조는 사도세자를 낳아 정조 같은 훌륭한 손자를 얻었지만 그들에게 죽어서도 용서받기 힘든 아버지요, 할아버지가 되었다.

조선의 유일한 황태자 의민황태자는 조선이 일본에 강제 합병되기 전인 1907년 11세의 나이로 일본에 끌려가 그곳에서 공부하고 일본 황실의 여인과 결혼했으며 두 아들을 낳고 일본의 군인으로 죽 살았다. 그러다 1963년 일본에 끌려간 지 56년 만에 고국 땅으로 돌아왔다. 그때는 이미 뇌혈전증으로 인한 실어증에 걸려 말 한마디 하지 못했다. 그래도 우리는 그를 의민황태자 아니 영친왕이라 부른다. 그가 왕이 되었다면 그의 침전이 되었을지도 모를 창덕궁의 희정전 정문이다. 조선의 유일한 황태자를 만나본다.

4장

대한제국최초이자

유일한황태자

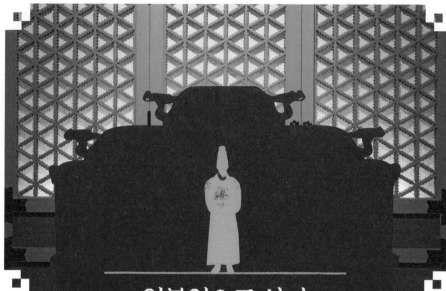

일본인으로 살다
고국에 돌아와 숨을 거두다

의민황태자 이은
(영친왕, 제26대 왕 고종의 아들)

고종의 7남으로
유일한 황태자 되다

의민황태자(1897~1970)는 1897년(고종 34년) 덕수궁 숙용재에서 조선 제 26대 왕 고종(1852~1919)과 순헌황귀비 엄씨(1854~1911) 사이에서 고종의 일곱 번째 아들로 태어나 조선의 유일한 황태자가 되었다.

그는 영친왕이나 영왕으로 더 알려져 있으며, 대한제국 최초이자 마지막 황태자이다. 일제 강점기동안 이왕李王으로 1926년 조선 제27대 왕 순종(1874~1926)이 죽고 난 뒤부터 1945년 일본으로부터 독립되는 해까지 지냈다. 순종과 의친왕(1877~1955)과는 이복형제다.

의민황태자는 사후 전주 이씨 대동종약원에서 올린 시호로 정식 시

● 조선 제26대 왕 고종과 순헌황귀비 엄씨, 그리고 의민황태자의 추억이 많이 서려 있는 덕수궁이다. 현재 의민황태자가 태어난 덕수궁 숙용재는 남아있지 않다

호는 아니다. 의민황태자는 정식으로 왕위에 오르지 않았기에 정식 왕은 아니다. 태조에서 순종까지 27명의 왕만 조선의 정식 왕으로 인정하고 있다.

영친왕으로 불리고 있는 그는 조선이 문을 닫지 않았다면 별 탈 없이 왕위에 올랐을 것이다. 그 역시 왕위에 오르지 못한 비운의 왕세자들 중 한 명이 되었다. 1907년(순종 즉위년) 황태자로 책봉되면서 의민황태자로 부르다가 1910년 한일합방으로 순종황제가 이왕으로 격하되면서 이왕세자로 지위가 격하되었다.

1926년 순종이 사망한 뒤부터는 형식상 왕위계승자가 되어 제2대 이왕李王으로 불렸고, 1945년 해방 후에는 그의 이름 이은으로 불렸다. 일본유학 후 일본의 육군사관학교·육군대학을 졸업하고 일본군 연대장, 교관 등을 거쳐 일본군 육군 중장에 이르렀다. 조선의 황태자가 조선을 망하게 한 일본의 군인이었다는 게 도무지 이해가 안 간다.

대한제국 유일한 황태자의 정략결혼

의민황태자는 1915년 일본중앙유년학교 본과를 졸업한 뒤, 같은 해 11월 일본의 육군사관학교에 들어갔다. 그리고 그는 1917년 일본 육군사관학교를 졸업했다. 그해 말 일시 귀국하여 잠시 체류하고 다시 일본으로 돌아갔다.

그 후 1919년 일본이 정략결혼을 강요하여 이방자 여사로 알려져 있는 일본 왕족 나시모토노미야 마사코(1901~1989)와 1920년 혼인하여 이듬해인 1921년 장남 이진(1921~1922)을 낳았다. 그러나 1922년, 고국을 방문했다가 갑자기 아들 이진을 잃었다. 누구보다 부모인 그들에게 슬픈 일이 아닐 수 없다. 생후 처음으로 조국을 방문했다가 사망한 이진의 무덤은 영친왕의 생모인 순헌황귀비 엄씨(1854~1911)가 잠들어 있는 영휘원 건너편에 조성되었다.

이진이 조국을 찾았다가 갑자기 죽은 게 이상하긴 했다. 그래도 그가 조국에 와서 죽었기에 이 땅에 영원히 잠들 수 있었다고 본다. 독살

● 유일한 황태자 의민황태자를 낳은 생모 순헌황귀비 엄씨가 잠들어 있는 영휘원의 봄과 가을의 전경이다. 의민황태자는 고종의 서3남으로 고종과 순헌황귀비 엄씨 사이에서 유일하게 태어난 아들이다.

설이 나돌기도 한 이진은 서울 청량리동 숭인원에 잠들어 있다. 영친왕의 원자로 황세손이나 마찬가지기 때문에 생후 9개월도 채 안 되어 죽었지만 무덤을 원으로 조성했다. 그 당시만 해도 조선왕조가 종언을 고하기는 했지만 다시 왕조가 부활하여 왕위를 계속 이어나가게 될 것이라 백성은 물론 누구보다 이씨 왕족들이 더 희망을 가졌을 것이다.

일본이 나라를 빼앗아갔거나 말거나 영친왕은 1926년, 순종이 승하함에 따라 왕위를 계승하여 제2대 이왕이 되었다. 그는 창덕궁에서 왕으로 즉위했다. 이후 조선 제27대 왕《순종실록》 부록 등에는 사왕전하嗣王殿下라 칭했다는 기록이 등장한다.

창덕궁에서 형식적 즉위식을 한 뒤, 순종의 비 순정황후 윤씨는 대비가 되어 뒷전으로 물러나야 한다며 사용하던 처소를 비우고 덕수궁으로 물러났다. 궁인들은 어쨌든 새로운 '금상'으로 즉위한 영친왕 내외를 경훈각이란 처소로 모셨다고 한다.

하지만 이왕이 된 영친왕은 조국을 지키고 있었던 게 아니라 일본

● 조선 제26대 왕 고종과 순헌황귀비 엄씨 사이에 태어난 영친왕(의민황태자)의 장남 이진이 잠들어 있는 숭인원(왼쪽)과 생모인 순헌황귀비 엄씨의 영휘원(오른쪽) 전경이다. 이진은 조선왕조 유일한 황태자 영친왕의 아들로 황세손의 대접을 받고 있다. 그는 생후 9개월도 채 안 되어 세상을 떠났다.

● 제2대 이왕으로 즉위한 후 의민황태자와 부인 이방자 여사가 거처하던 창덕궁의 대조전 뒤 경훈각이다.

에서 머물며 해방 직전까지 군무를 계속했다. 어쩔 수 없었겠지만 조선의 왕이라면 이 땅을 지키며 살아갔어야 했는데 그를 생각하면 안타깝기만 하다.

조선왕조를 부활시키지 못한 마지막 왕족들

1910년 8월 29일 일본에 36년간 강제로 나라를 빼앗겼던 우리나라가 1945년 8월 15일 독립했지만 영친왕의 이왕李王 자리는 인정되지 않았다. 일본식 교육을 받고, 일본 여인과 결혼하여 일본에 거주한 영친왕에 대해 어쩌면 당연한 일이었는지도 모른다. 1947년 왕 공족 제도가 폐지됨에 따라 신적강하臣籍降下에 의해 영친왕은 왕의 자격을 잃었으며 평민으로 강등되었다.

신적강하臣籍降下는 일본에서 황족이 그 신분을 이탈하여 평민이 되는 것을 뜻하는데 1947년 일본국 헌법이 시행되어 대부분의 황족들이 그 신분을 잃고 평민이 되었다. 이에 다른 황족은 위로금을 지급받은 반면 군인이었던 영친왕은 위로금을 받을 수 없었다.

1948년 8월 15일 대한민국 정부수립 이후에도 귀국은 허락되지 않았다. 그는 귀국을 희망했으나 당시 이승만 대통령의 반대로 좌절되었다. 영친왕이 일본 왕족의 딸과 결혼했다는 점과, 일본군 육군 중장까지 지냈다는 점이 불리하게 작용했다. 조선왕조가 부활한다는 건 있을 수 없는 일이 되었다. 1960년 제2공화국 출범 이후 그의 귀국설이 일시적으로 제기되었으나 그때도 귀국하지 못했다.

그러자 영친왕은 1961년 아들 이구(1931~2005) 부부가 있는 하와이 주를 방문했다. 영친왕의 차남으로 태어난 이구 역시 우리나라 여성이 아닌 2017년 94세로 사망한 미국 여성 줄리아 멀록(줄리아 리)과 결혼했다. 그곳을 방문하고 돌아오던 중 영친왕은 뇌출혈이 재발했다.

그때 우리나라에서 치료비는 지원받았다. 그 후 1962년 덕혜옹주에 이어, 1963년 혼수상태인 채로 56년 만에 고국의 땅을 밟게 되었다. 그러나 그는 끝내 회복하지 못했다.

고국에서 그는 '구황실재산법 제4조 시행에 관한 건'에 의거하여 국가에서 지급되는 보조금으로 생활했다. 계속 병상생활을 하던 그는 7년 후인 1970년 5월 1일, 74세에 사망했다. 그 후 미망인 이방자 여사는 창덕궁 낙선재에서 생활하면서 장애인복지시설인 명휘원을 운영하다 덕혜옹주(1912~1989)와 같은 해인 1989년에 사망했다.

영친왕과 그의 비 이방자 여사는 고국에 돌아와 황족들이 마지막을 보낸 창덕궁의 낙선재에서 지냈다. 낙선재는 창덕궁과 창경궁의 경계에 자리하고 있다. 1884년 갑신정변 후에는 고종의 집무실로 쓰였고, 1917년 창덕궁에 불이 났을 때에는 순종이 내전으로 사용했다. 그리고 조선의 마지막 황후인 순종의 계비 순정황후 윤씨가 1966년까지 살던 곳이며, 1963년 고국으로 돌아온 영친왕과 이방자 여사가 죽을 때까지 살던 곳이다. 고종의 외동딸인 덕혜옹주도 1962년 일본에서 고국으로 돌아와 낙선재 내 수강재壽康齋에서 1989년 죽을 때까지 살았다.

원래 수강재壽康齋는 1785년(정조 9년)에 조선 제6대 왕 단종이 조선 제7대 왕 세조에게 왕위를 빼앗기고 잠깐 머물렀던 수강궁壽康宮 자리에 지었다. 1827년(순조 27년)부터 대리청정을 했던 효명세자(익종)의 별당이기도 했고, 1848년(헌종 14년)에 제24대 왕 헌종(1827~1849)의 할머니였던 순원왕후 김씨(1789~1857)의 거처로 중수했다.

조선의 마지막 옹주인 덕혜옹주가 1989년 77살의 나이로 숨을 거

● 파란만장한 삶을 살다가 떠난 고종의 고명딸이며 의민황태자의 여동생인 덕혜옹주의 '결혼봉축기념비'와 묘소이다. 고종의 유일한 딸 덕혜옹주는 일본의 대마도 도주의 아들과 마음에도 없는 결혼을 했다. '결혼봉축기념비'는 대마도에 세워져 있고, 묘소는 그녀의 아버지 고종 부부와 이복오빠 순종 부부가 잠들어 있는 홍·유릉 오른쪽 담장 너머에 자리해 있다. 의민황태자 부부와 가까운 곳이다.

● 조선 마지막 왕족들이 살던 창덕궁 동쪽에 자리한 낙선재 주변 풍경이다. 낙선재 일원의 건물은 화려하게 단청한 궁궐의 다른 건물과 달리 색을 입히지 않아 소박해 보인다.

둘 때까지 거처했고, 장례식도 이곳에서 치러졌다. 수강재는 낙선재·석복헌과 담장을 사이에 두고 있으며 낙선재 일대의 복원작업이 끝난후 2006년부터 일반 관람객에게 공개되었다.

영친왕의 원호는 영원英園이다. 경기도 남양주시 금곡동 141-1번지에 위치한 홍·유릉 안 영원에 영친왕과 이방자 여사가 함께 합장되었다. 그는 정식으로 왕위에 오르지 않았기에 능호가 아닌 왕세자의 예로 원호가 추서되었다. 그래도 그의 신주는 그의 부인 이방자 여사와함께 왕과 왕비들의 신주를 모신 종묘 영녕전 제16실에 있다.

영친왕(의민황태자)과 이방자 여사(의민황태자비) 사이에서 태어난 장남이진이 사망하고 9년 만인 1931년 12월에 어렵사리 차남 이구가 태어났다. 하지만 그는 우크라이나계 미국인 줄리아 멀록과 혼인했으나자녀를 얻지 못하였고 이혼했다. 이혼 후 마지막 황세손 이구는 홀로살다가 2005년 사망했다. 이구가 사망했을 때 그의 옛 부인 줄리아 멀록이 하와이에서 찾아왔지만 장례식에는 참석하지 못하고 먼발치에서

● 영친왕이 마지막을 보낸 수강재(왼쪽)이다. 낙선재 · 석복헌(오른쪽)과 담장을 사이에 두고 있다.

눈물만 흘리다 돌아갔다고 한다.

영친왕의 차남이자 마지막 황태손으로 태어난 이구와 줄리아 멀록은 1958년 뉴욕의 유명한 건축가 사무실에서 만나 결혼했다. 그 뒤 두 사람은 1963년 한국에 들어와 창덕궁 낙선재에서 새로운 삶을 시작했다. 그러나 줄리아 멀록은 엄격한 궁궐 생활을 견디기 힘들어했고, 파란 눈의 외국인 며느리를 탐탁지 않게 여긴 종친회는 후사가 없다는 점을 들어 이혼을 종용했다. 결국 부부는 별거를 거쳐 1982년 이혼했다. 이후 이구는 일본으로 건너갔고, 줄리아 멀록은 한국에서 '줄리아 숍'이라는 의상실을 운영하며 홀로 지내다 1995년 미국 하와이로 건너가 그곳에 정착했다. 그러던 그녀는 2017년 94세의 나이로 미국 하와이 할레나니 요양병원에서 노환으로 별세했다.

그녀는 생전에 한국에 묻히길 간절히 바랐으나 입양한 딸이 화장한 뒤 유해를 태평양 바다에 뿌렸다고 한다. 마지막 황태손인 이구와 이혼하긴 했지만 왠지 그녀가 좀 안 되어 보인다.

● 조선이 문을 닫아거는 바람에 왕위에 오르지 못하고 일본인이 되어 일본교육을 받고 일본여인과 결혼해 일본에
살면서 두 아들을 낳고 그곳에서 살다가 병이 든 뒤에야 고국 땅을 밟은 의민황태자는 영원에서 그의 부인 이방자
여사와 합장되어 잠들었다. 그의 부인은 일본 황족으로 의민황태자와 정략결혼했다. 의민황태자가 약혼자 민갑완
이 어떻게 살고 있는지 한 번이라도 생각했을지 모르겠다. 억울한 사람은 조선이 망했어도 조선시대 여인으로 현대
를 살다죽은 민갑완 뿐이다.

영친왕과 그의 비 이방자 여사는 고국에 돌아와
황족들이 마지막을 보낸 창덕궁의 낙선재에서 지냈다.
낙선재는 창덕궁과 창경궁의 경계에 자리하고 있다.
1884년 갑신정변 후에는 고종의 집무실로 쓰였고,
1917년 창덕궁에 불이 났을 때는 순종이 내전으로 사용했다.
그리고 조선의 마지막 황후인 순종의 계비 순정황후 윤씨가
1966년까지 살던 곳이며, 1963년 고국으로 돌아온
영친왕과 이방자 여사가 죽을 때까지 살았던 곳이다.

● 의민황태자(영친왕)와 의민황태자비(영친왕비)가 잠들어 있는 영원의 정자각이다.

마지막 황태손 이구는 홍·유릉 안의 회인원懷仁園에 홀로 잠들었다. 그의 부모님이 잠들어 계신 영원 오른편에 잠들어 있다. 영원과 회인원 등은 그동안 비공개 지역이었는데 지금은 누구나 관람할 수 있다. 홍· 유릉 동쪽 담장 밖으로 영친왕의 영원과 이구의 회인원, 덕혜옹주, 의 친왕 등의 묘가 자리하고 있다.

영친왕과 비운의 약혼녀 민갑완

영친왕은 일본에 끌려가지만 않았다면 조선의 여인과 가례를 치렀을 것이다. 1907년 그가 일본에 끌려가기 전 약혼한 여인이 있었다. 영친 왕의 약혼녀 이름은 민갑완(1897~1968)이다. 그녀는 명성황후 민씨의 친족이었던 승후관 민영돈의 딸로 11세에 왕세자빈으로 간택되었다. 그녀는 150대 1의 경쟁을 뚫고 왕세자빈으로 간택되어 약혼 선물까지 받은 비운의 왕세자빈이다.

1962년 영친왕의 약혼녀 민갑완에 대한 이야기가 《백년한百年恨》이란 책으로 출간되었다. 그녀의 파란만장한 삶을 담은 이 귀중한 책은 민갑완 자신이 구술하고 조카딸이 썼다. 그녀는 "간택이라는 허울 좋은 '인간의 계약'으로 말미암은 공방생활 50년의 역사는 가시밭길 바로 그것이었다."고 자신의 인생을 한 마디로 표현했다. 책이 출판된 이듬해 영화로도 만들어졌다. 그녀가 구술하지 않고 세상을 떠났다면 이 안타까운 이야기는 알려지기 어려웠을 것이다. 다행히 자신의 기구한 삶을 역사와 함께 되돌아볼 수 있게 되었다.

민갑완은 왕세자빈 첫 간택 날 궁중에 들어가 영친왕 이은을 처음 보았다. 그녀는 영친왕과 동갑이었으나 자신보다 키 작고 어린아이 같은 왕세자에게 시집갈 생각을 하니 속으로 걱정이 되었다. 그러나 그녀의 의사와는 상관없이 국혼은 정해졌다.

그 당시 일본은 식민야욕으로 조선을 강점하기 위해 고종황제를 퇴위시켰고, 순종을 즉위시켰으며, 왕세자 이은을 황태자로 책립했다. 뿐만 아니라 군대마저 해산시켜 대한제국은 군대 없는 나라가 되었다. 그런 혼란기에 그녀는 왕세자빈으로 간택되었던 것이다.

● 조선의 유일한 황태자 영친왕(의민황태자)의 영원 오른쪽 언덕에 자리한 차남 이구의 묘와 고종의 5남 의친왕의 묘이다. 왼쪽의 이구 묘역에는 아직도 비석조차 세워져 있지 않다.

그때 이토 히로부미가 순종에게 황태자 이은의 유학을 권했다. 그는 "일국의 황태자가 우물 안 개구리처럼 자기 나라, 그것도 대궐 안에서만 세월을 보내셔야 되겠습니까? 해외유학을 하시어 몸소 견문도 넓힐 겸, 먼저 일본으로 유학하심이 옳습니다."라며 황태자를 유혹했다. 유약하고 온후한 성품의 순종은 말이 유학이지 인질인 줄 뻔히 알면서도 이복동생이자 황태자 이은의 일본유학에 동의할 수밖에 없었다.

1907년 12월 5일, 황태자 이은은 일본으로 떠났다. 황태자비를 초간택만 해놓은 채 신랑 될 이은이 일본으로 떠나고 말았던 것이다. 그런데 궁에서 민갑완의 집으로 급한 전갈이 왔다. "시국이 혼란스러워서 예를 지킬 수 없으니 그냥 택일하여 신물信物을 전달하고자 하니 그리 알고 받으라."는 것이었다. 그날 오후, 순종의 보모였던 문 상궁이 신물을 가지고 민갑완의 집으로 왔다. 홍·청 공단 겹보에 금가락지 두 짝을 다홍실로 동심결同心結을 맺어 놓았고, 네모난 곽 위에 먹 글씨로 '약혼지환'이라고 적혀 있었다. 뒷날 서로 간 관계를 확인하기 위해 증표로 주고받는 물건인 신물을 민갑완이 받았다. 궁에서 나온 문 상궁은 민갑완에게 "이젠 아기씨가 이 왕가의 사람이 되셨습니다."라고 말했다. 이로써 민갑완은 황태자 이은의 정식 약혼녀가 되었고, 의민황태자비로 낙인이 찍힌 셈이다.

그러나 민갑완의 아버지 민영돈(1863-1918)은 여식이 지존의 몸인 황태자비가 되었다는 게 기쁜 게 아니라 걱정스럽기만 했다. 아니나 다

를까? 일본의 치밀한 계획대로 대한제국은 1910년, 일본에 합방되어 식민지가 되었다. 그녀의 아버지 걱정이 현실이 되었다. 그리고 1911년, 황태자의 어머니 순헌황귀비 엄씨마저 급서했다.

이어 민갑완에게도 불운이 닥쳤다. 어느 날 궁궐의 제조상궁이 민갑완의 집으로 찾아와 약혼반지를 돌려달라는 것이다. 그녀는 어명이라고 했다. "상의 뜻이라니? 간택을 치르고 신물까지 나눈 지 10여 년이 된 오늘에 와서 뜻이 변하셨단 말씀이오?" 그녀의 아버지 민영돈이 언성을 높였다. "그리 노하실 일이 아닌 줄 압니다. 이것이 어찌 상의 뜻이 오리까? 일본총독부에서 지령하신 일이 온 즉 그리 아시고……." 그녀의 아버지는 "아무리 나랏일이 중하다 해도 내 자녀의 앞날을 이리 막는 법이 어디 있단 말씀이오? 생각해 보시오. 그 아이 하나만의 문제입니까? 아래로 동생이 셋이나 됩니다. 역혼逆婚은 못하는 법인데 그럼 민갑완의 동생들까지 아무도 혼인하지 말라는 말입니까?"라며 또다시 언성을 높였다.

조선시대 사대부의 경우 한번 정혼이 되면 신랑감이 사망한 경우에도 다른 곳으로 시집가지 못하게 국법으로 정해져 있었다. 더구나 황태자비로 간택되어 약혼한 민갑완이니 다른 사람한테 시집갈 수 없었다. 민갑완의 언니는 이미 결혼했지만 아래로 동생이 있었으니 저절로 결혼을 못하게 되는 것이었다. 민갑완으로 인해 그의 집안은 청천하늘에 날벼락을 맞게 되었다. 민영돈의 아내도 이럴 수 없다고 제조상궁에게 항의했으나 소용없는 일이었다.

황태자 이은은 이미 일본의 황족공주와 결혼이 결정되어 있어 민갑완과의 정혼을 파기해야만 했다. 약혼반지를 놓고 궁에서 밀명을 받고 나온 상궁들의 다그침과 그 술책을 피하려는 그녀의 가족들과의 실랑이가 보름 가까이 계속되었다. 그녀는 가족이 고통과 괴로움을 당하는 모습을 보고 있을 수 없어 결국 약혼반지를 내놓고 말았다.

그것이 끝이 아니었다. 민갑완의 약혼반지를 기어이 빼앗아 가더니 이번에는 친일파 벼슬아치들이 나서서 빠른 시일 안에 다른 사람과의 결혼을 종용하는 온갖 협박과 위압을 가했다. 그뿐이 아니었다. 한번 황태자비로 간택된 민갑완이 조선의 어느 가문에 시집을 갈 수 있겠느냐며 일본의 황족 아들과 후작을 천거하기까지 했다. 그러나 민영돈은 강경하게 맞섰다. 하지만 딸의 불행에 대해 속수무책으로 당할 수밖에 없었던 그는 괴로운 마음을 참지 못한 나머지 과음하기 시작했다. 민영돈은 술병을 얻어 내의원 전의에게서 약을 지어다 먹고는 이상하게 피를 토하고 죽었다. 민영돈의 죽음 또한 의구심이 가는 일이었다.

아버지의 어이없는 죽음을 목격한 민갑완은 더 이상 이 땅에 머물

● 민갑완의 약혼자 의민황태자가 일본에서 돌아와 5년 정도 살다가 숨을 거둔 창덕궁 낙선재의 정문과 안채의 모습이다. 의민황태자는 낙선재에서 그녀 곁이 아닌 부인 이방자 여사 곁에서 숨을 거두었다.

러서는 안 되겠다는 생각에 집을 떠나기로 마음먹었다. 하지만 그녀에 대한 총독부의 감시가 날로 심해졌고, 친일 원로대신들이 그녀의 혼사에 대한 계략이 점점 가시화되었다. 그 와중에 그녀의 외삼촌이 3개월짜리 해외여행 허가서를 일본총독부에서 겨우 받아냈다. 만약 기한을 어기고 그녀가 귀국하지 않을 시엔 담보된 토지를 몰수하고 보증인과 가족 전체에게 책임을 묻겠다는 단서가 붙고서였다.

중국 상하이로 떠난 영친왕의 약혼녀 민갑완

영친왕의 약혼녀 민갑완이 해외로 떠나려하고 있을 때 약혼자 영친왕은 1920년 4월 28일, 일본의 황족과 정략결혼식을 치렀다. 그 소식을 들은 후 그녀는 그해 7월 초순, 남동생 민천행과 소금 배를 타고 상하이로 건너갔다. 상하이에는 외삼촌 이기현이 먼저 건너가 있었으므로 난생 처음 이국땅을 밟는 민갑완 남매를 마중 나왔다. 외삼촌의 철저한 보호 아래 민갑완 남매의 상하이 생활이 시작되었다. 상하이는 아열대성 기후로 아름답고 화려한 도시였다. 하지만 상하이는 제국주의 열강이 중국침략의 발판으로 삼아 각축전을 벌이고 있는 수난의 도시이기도 했다. 그녀에게 상처를 준 조국을 떠나왔지만 상하이의 망명생활 역시 결코 순탄하지만은 않았다.

마침 영친왕 부부가 유럽을 순방하기 위해 여행길에 올랐는데 그들을 태운 하코네마루가 민갑완이 머물고 있는 상하이를 잠시 들러 간다는 것이다. 이 기회를 이용하여 민갑완의 외삼촌인 이기현은 영친왕을 납치한 뒤 민갑완과의 만남을 주선하려고 치밀하게 결사대를 조직했다. 그러나 비밀이 누설되어 실패로 끝났다. 상하이 주재 일본총영사관에서 이 사실을 알고 본국에 타전하여 영친왕 부부가 배에서 내려 상하이 관광을 하지 못하도록 긴급조치를 취했기 때문이다. 이기현은 영친왕을 납치하여 그에게 잃어버린 민족정신을 일깨워주고, 구국에 앞장서도록 충언의 기회로 삼으려 했다. 나중에야 어찌되든 모든 불행을 전생의 업보라며 타국에서 망명생활을 할 수밖에 없었던 조카딸 민갑완에게 한번쯤 영친왕과의 직접 대면을 주선해주고 싶었던 이기현이었다. 이기현은 그 계획이 실패로 끝나자 그 충격으로 몹시 좌절했고 얼마 후 죽고 말았다. 그 후부터 민갑완은 동생 민천행의 도움으로 살아갈 수밖에 없었다.

그리고 세월이 많이도 흘렀다. 1945년! 조국 광복의 소식이 날아왔다. 얼마나 기다리고 기다리던 낭보인가? 그러나 해방된 조국은 이미 민갑완이 그리던 모습이 아니었다. 조국이 일본의 압제 아래서 벗어나기만 하면 모든 것이 제자리로 돌아가리라 믿어 의심치 않았는데 해방된 조국은 예전의 조선왕조가 들어설 자리가 없었다. 끈질기게 그녀를 따라다니던 감시의 눈초리와 눈에 보이지 않는 압박, 회유, 모략, 그 지굿지굿한 일본의 그림자는 이제 그녀의 곁에서 영원히 사라졌다. 그만큼 세월이 흘렀고, 세상이 달라진 것이다. 하지만 그녀로 인하여 서리서리 한을 품고 부모님이 돌아가셨고, 외삼촌이 돌아가셨고, 그녀의 꽃다운 청춘은 다 지나가 버렸다. 그녀의 나이는 어느새 49세나 되었다.

영친왕도 그의 약혼녀도 돌아왔지만

민갑완은 조국의 광복 소식을 듣고 "이게 뭐야? 나는 뭐냐구!" 하면서 억울하고 분해서 소리치며 울었다고 한다. 그녀가 대성통곡할 일이다. 정말 완전히 인생이 망가졌다.

해방 다음해인 1946년 5월, 그녀는 동생 가족과 함께 귀국했다. 26년의 망명생활을 마치고 돌아온 고국은 그녀를 반기지 않았다. 아마 조국은 그녀를 잊었는지도 모른다. 아니, 잊었을 것이다. 그녀는 6.25전쟁을 피해 부산으로 피난 내려가 그곳에 정착하여 노년의 인생을 어렵게 보냈다. 그렇게 그녀가 홀로 늙어갈 즈음 11세에 인질로 일본에 끌려갔던 영친왕이 56년만인 1963년 조국으로 돌아왔다. 그는 이미 의식을 잃은 식물인간이었다.

그동안 민갑완은 언젠가 약혼자인 영친왕을 만날 수 있으리라 기대했을 것이다. 하지만 그런 기회는 찾아오지 않았다. 민갑완은 약혼자 영친왕을 생전에 단 한 번 보고는 다시 만나지 못한 채 후두암으로 일생을 마쳤다. 그녀는 생활고에 병마와 싸우면서 약 한 첩 제대로 지어 먹지도 못하고 한 많은 이 세상을 영원히 떠나갔다.

한이 많아 오래 살았던 것일까. 1968년 2월19일 오전 7시, 그녀는 향년 72세로 한 많은 생과 슬픈 작별을 고했다. 영친왕과의 약혼이 평생 족쇄가 되어 살아가야만 했던 조선왕조가 만들어낸 또 한 명의 비운의 여인이었다.

민갑완은 영친왕과의 약혼으로 인해 분하고 억울한 인생을 살다 세상을 떠났다. 아니 세상을 버렸다. 끝내 족쇄를 채워준 영친왕을 만나보지도 못한 채 눈을 감았다. 영친왕은 그녀가 떠난 2년 뒤 1970년 눈을 감았다. 민갑완은 5년 동안이나마 영친왕과 같은 하늘 아래 서울과 부산에서 각각 숨 쉬다 세상을 떠났다. 영친왕이 일본에서 돌아와 창덕궁의 낙선재에서 사는 동안 한 번쯤 찾아가 만나지 그랬나 싶다. 그녀는 영친왕을 하루도 생각 안 한 날이 없었을 것이다. 하지만 영친왕은 그녀를 잊고 살아갔을지도 모른다. 이래저래 억울한 영친왕의 영원한 약혼녀 민갑완이다.

민갑완의 인생은 누가 무엇으로 보상해 줄 수 있을까? 11세에 한 번 본 영친왕은 그녀를 61년 동안이나 새장에 갇힌 새처럼 살다 너무나 허무하게 떠나게 만들었다. 먼 나라의 이야기가 아니다. 바로 우리나라에서 일어났던 일이다. 이 이야기는 지금부터 100여 년 전쯤 발단이 되어 전개되어 오다 50여 년 전쯤 그 주인공들이 죽음으로 끝이 난 이야기다.

약혼녀 민갑완은 영친왕과 손도 잡아보지 못했고, 평생 독수공방하다가 어이없는 삶을 마무리했다. 그녀의 말대로 그녀는 인생이 뭔지 모르게 끝이 났다. 세상에 태어나 참으로 기막힌 인생을 살다간 여인이다. 조선왕조가 종영을 고하고 부활하지 못하면서 그녀의 꿈도 종영을 고하고 말았다. 조국의 광복소식을 듣고 분하고 억울함에 울부짖었다는 그녀를 생각하면 함께 땅을 치고 통곡하고 싶은 심정이다.

그녀는 부산광역시 남구 용호동 천주묘지에 잠들었다. 그녀야말로 죽어서도 도저히 잠을 잘 수 없을 것 같다. 영친왕이 잠들어 있는 영원 英園에 달려가 날마다 억울함을 호소해도 시원하지 않을 그녀다. 그녀의 인생을 무엇으로 보상해 주어야 할지 도무지 알 길이 없다. 저세상에서라도 편히 잠들었으면 좋겠다.

'여흥민씨아가다갑원규수지묘(驪興閔氏아가다甲完閨秀之墓)' 그녀가 잠들어 있는 석관 앞 비석에 쓰인 글씨다. 그녀의 본관이 여흥이고, 천주교 세례명이 아가다인 모양이다. 아마도 세자빈이 되었다가 왕비에 오를 운이 없었나 보다. 그녀의 약혼자 영친왕 곁에는 그녀의 인생을 송두리째 빼앗아간 일본 여인 이방자 여사가 함께 합장되어 있다. 이제라도 영친왕의 약혼자라는 이름표만 달고 살다가 세상을 떠난 민갑완을 영친왕 곁에 잠들게 하면 안 되는지 모르겠다.

● 영친왕의 아버지 고종과 명성황후 민씨가 합장된 홍릉과 생모 순헌황귀비 엄씨의 영휘원의 원소다. 명성황후 민씨가 죽은 뒤 영친왕을 낳은 엄씨는 고종의 후비 역할을 톡톡히 했다. 명성황후 민씨 역시도 이래저래 통곡할 일이다.

　　대한제국의 유일한 황태자를 낳은 조선 제26대 왕 고종과 고종이 사랑한 영친왕의 생모 순헌황귀비 엄씨 역시 함께 잠들지 못했다. 순헌황귀비 엄씨는 나이도 많고 얼굴도 예쁘지 않아 명성황후 민씨가 고종과 눈이 맞으리라고는 생각하지 못했다고 한다. 그런데 어느 날 승은을 입었다 하니 명성황후 민씨가 얼마나 놀랐을지는 상상이 안 간다. 명성황후 민씨는 그날 곧바로 순헌황귀비 엄씨를 가차 없이 쫓아내 버렸다. 그러면 무엇하랴. 고종은 명성황후 민씨가 일본 자객의 칼에 맞아 처참하게 죽은 뒤 10일 만에 그녀를 불러들였다.

　　명성황후 민씨가 저세상에서 이 사실을 안다면 어땠을지 상상불가다. 어찌되었거나 그녀는 1895년(고종 32년) 을미사변 후 비어있는 왕비 자리에는 오르지 못했지만 후비 역할을 1907년(고종 44년, 광무 11년) 고종이 왕위를 아들 순종에게 물려줄 때까지 계속했다. 그리고 1911년 죽을 때까지 고종 곁을 지킨 왕이 사랑한 여인이다.

덕수궁의 석조전 뜰에 국화가 수를 놓았다. 국화의 계절 가을은커녕 봄도 제대로 느껴보지 못하고 세상을 아주 일찍 떠난 조선의 왕세손이 있다. 왕이 되지 못하고 죽은 너무나 어린 비운의 왕세손들을 만나본다.

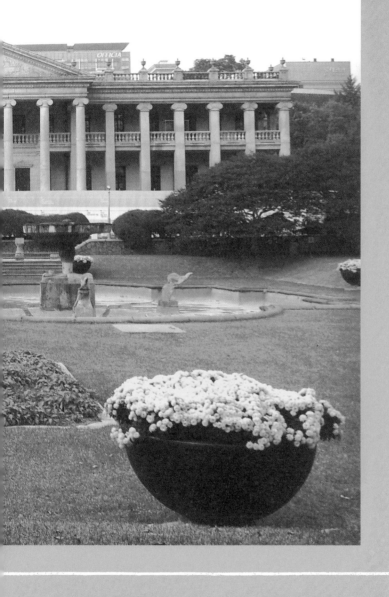

할아버지의
통곡 속에 잠들다

의소세손 이정
(제21대 왕 영조의 손자, 사도세자의 아들)

할아버지의
애도사가 구구절절하다

의소세손(1750~1752)은 추존왕 장조(사도세자)와 헌경왕후 홍씨(혜경궁 홍씨) 사이에서 장자로 태어났다. 그는 조선 제21대 왕 영조의 장손으로 1751년(영조 27년) 2세에 왕세손으로 책봉되었는데 안타깝게도 1752년(영조 28년) 3세 때 창경궁의 통명전에서 세상을 떠났다. 의소세손은 조선 제22대 왕 정조의 동복형이며 은언군, 은신군, 은전군의 이복형이다.

그는 1899년(광무 3년) 조선 제26대 왕 고종 때 그의 아버지 사도세자가 장종으로 추존되고, 다시 장조의황제로 추존되면서 그도 왕세자와 황태자로 추존되었다.

영조는 사도세자를 마음에 들어 하지 않는 가운데 의소세손이 장손으로 태어나 더욱 기뻐했고, 바로 원손으로 책봉했다. 영조가 의소세손을 얼마나 사랑했는지는 그가 쓴 다음의 애도사만 보아도 알 수 있다. 손자의 사랑이 구구절절 배어 있다.

"지극한 심정으로 잘 자라기를 바랐더니 색동옷 어루만지며 슬픔만을 싸서 주고 이름을 높임에는 시호가 있는 법이니 보책을 내려 아름다움을 드러낸다. 이전彝典을 의식대로 준행하니, 남기고 간 자취가 이에 드러났다. 오직 너 세손아! 내가 너를 안았을 때 하늘이 이 나라를 도운 것으로 생각했다. 상서로운 빛 별자리에 뻗치더니 이윽고 네가 태어났으며, 특이한 모습은 해와 달의 표상처럼 빼어났는데 더구나 적전嫡傳에 있어서랴? 오직 영특하고 온화한 모습은 자연히 제왕가帝王家의 귀상貴象이 있었고, 인후仁厚하고 자효慈孝한 성품은 어린 나이의 양지良知가 아님이 없었구나. 소저小邸의 명호를 정함에 이르러서는 갑절이나 늘그막이 위로가 되었다. 기질은

● 조선의 제21대 왕 영조의 장손이자 사도세자의 장남인 의소세손은 3세 때 창경궁의 통명전에서 안타깝게 세상을 떠났다.

겨우 두서너 살에 엄연히 덕기德器를 이루었고, 총명은 60여 자字의 예서隸書를 능히 분변했다. 오래 침전寢殿 곁에 두고도 때로 자리가 비면 문득 허전하였고, 항상 밥상 곁에 앉아서 먹을 때마다 반드시 권하였는데 심지어는 공교로움을 싫어하고 투박함을 좋아했고 미쁘게도 검약을 품부하여 순박함이 터를 잡았었다. 지극한 사랑으로 어린이를 안고서 오직 열성조의 도우심에 감사하였고, 큰 책임 물려줄 곳이 있으니 거의 종사의 걱정이 없음을 다짐할 수 있었다. 무슨 일로 국운이 침체의 운수를 당하여, 내 손자를 죽게 하였더란 말인가? 처음에는 예사로운 질병으로 여겨 저절로 좋아지려니 했는데, 훌륭한 자질이 갑자기 거두어 마침내 아득한 곳으로 가버릴 줄 뉘 알았으리? 기왕에 탄생시키고서 왜 또 죽이는지 그 이치 알 수 없고, 비록 명은 하늘에 있다 하나 사람에게도 달려 있으니 이 슬픔 끝이 없구나. 한갓 궐초厥初의 철명哲命만을 기대했는데, 영영 이후貽後의 유모猷謨를 저버렸구나. 삼전三殿께서는 슬하膝下를 잃은 슬픔을 안았으니 노경老境을 무엇으로 위로하며, 팔역八域에서는 눈을 씻고 기대했던 소망을 잃었으니 여정을 알 수 있구나. 그 모습 생각하면 아련하게 맑은 눈망울 보이는 듯한데 빈실殯室만이 고궁에 남았고, 자취를 더듬으며 더욱 노쇠한 이의 눈물 훔치는데 사적은 실록에 실리는구나. 진실로 시호를 내리고 이름을 남김이 아니라면, 무엇으로 사후死後를 꾸며 길이 전할 것인가? 아름다움懿은 바로 덕성을 안으로 쌓아 이미 정숙하고 순수하였으며, 밝음昭은 곧 의용이 밖으로 드러나 오직 공손하고 아름다웠구나. 널리 공론을 수렴하

● 의소세손이 잠들어 있는 서삼릉의 의령원은 문효세자가 잠들어 있는 효창원과 함께 있다. 그런데 침전이 의령원과 효창원에 맞지 않게 정자각이 아니고 일자각이다. 그 침전 뒤편에 의소세손과 문효세자가 잠들어 있다. 의소세손은 1750년(영조 26년) 8월 27일에 태어나 1752년(영조 28년) 3월 4일 3세의 나이로 세상을 떠났다. 의소세손은 5세에 세상을 떠난 조카 문효세자와 아래위로 잠들어 있다.

여 조금이나마 나의 슬픔을 풀었노라. 이에 신 의정부 우참찬 홍상한을 보내서 옥책을 받들고 시호를 의소懿昭라 내리노라. 강보에서 갑자기 떠나니 비록 오래 살지는 못했다 하더라도, 간책簡冊에 소상히 실리니 영원히 징신徵信은 될 수 있으리라. 다만 바라노니 밝은 혼령아, 거짓 없는 이 교유를 받들지어다. 아! 슬프도다."

-의소세손의 할아버지 영조의 애도사-

의소세손의 원호는 의령원이다. 그는 그의 조카 문효세자(1782~1786)가 잠들어 있는 효창원 바로 위에 자리한 의령원에 잠들어 있다. 문효

● 사도세자의 장남인 의소세손과 정조의 장남인 문효세자가 서삼릉 능역 안의 의령원(왼쪽)과 효창원(오른쪽)에 아래위로 나란히 자리하고 있다. 영조의 손자 의소세손은 의령원에, 그 아래에 영조의 증손자 문효세자가 효창원에 잠들어 있다.

● 의소세손의 할아버지 영조와 할머니 정순왕후 김씨가 나란히 잠들어있는 원릉(왼쪽) 전경과 아버지 사도세자와 어머니 혜경궁 홍씨 함께 잠들어있는 융릉(오른쪽) 모습이다.

세자는 의소세손의 친동생 정조의 장자이다. 의소세손은 문효세자의 큰아버지다. 조카인 문효세자와 함께 아래위로 잠들어 있어 그나마 덜 외로워 보인다.

할아버지 영조는 장손인 의소세손이 숨을 거두자 대성통곡했다고 한다. 손자를 잃고 그렇게 애달파했던 할아버지 영조는 동구릉의 원릉에 두 번째 왕비인 정순황후 김씨와 잠들어 있다. 그리고 의소세손을 낳아준 아버지 사도세자와 어머니 혜경궁 홍씨는 융·건릉의 융릉에 잠들어 있다. 의소세손은 조선 건국 이래 왕이 되지 못하고 죽은 최초의 왕세손이다. 그는 경기도 고양시 덕양구 원당동 산 37번지 서삼릉 경내 의령원에 잠들어 있다.

생후 9개월 만에
의문사하다

황세손 이진
(제26대 왕 고종의 손자, 의민황태자의 아들)

의민황태자의 장남으로
유일한 황세손이다

황세손 이진(1921년 8월 18일~1922년 5월 11일)은 1921년 일제강점기 때 영친왕으로 알려져 있는 의민황태자(1897~1970년 5월 1일)와 이방자 여사로 알려져 있는 의민황태자비(1901년 11월 4일~1989년 4월 30일) 사이에 장남으로 태어났다. 그는 조선 제26대 왕 고종(1852~1919)의 손자이며 조선 제27대 왕 순종의 조카이다. 1897년(고종 34년, 광무 원년) 대한제국 선포 후 일본에서 태어나 황족이 되었다.

이진은 조선의 마지막 왕이자 큰아버지 순종이 살아있을 때 출생한 유일한 황세손이었다. 그런데 안타깝게도 생후 1년도 안 되어 병으로

● 덕수궁 안에 있는 근대 서양식 건물인 석조전에서 황세손 이진이 생후 9개월 만에 의문사했다.

사망했다. 훗날 일제강점기에 태어난 이구(1931~2005)와 그는 유일한 친형제이다.

　이진은 왕세자였던 의민황태자 이은이 아버지, 일본 여성 이방자 여사가 어머니였다. 그는 일본에서 태어나 조선을 방문했다가 귀국을 하루 앞두고 덕수궁 석조전에서 의문사했다. 출생한 지 8개월 남짓도 안 되어 갑작스러운 사망이었다. 그 당시 이진의 갑작스러운 죽음에 의심 가는 점들이 많아 독살설이 강하게 제기되었다. 우리나라에서는 일본인들이 왕가의 대를 끊기 위해 저지른 것이라는 견해만이 주장되고 있다. 솔직히 우리나라 입장에서도 일본 황족의 피가 흐르는 어머니를

● 조선 제26대 왕 고종의 손자이자 의민황태자(영친왕)의 장남인 이진이 잠들어 있는 숭인원이다. 홍살문 앞에서 바라본 모습(왼쪽)과 정자각에서 바라본 모습(오른쪽)이다. 정자각 뒤 가파른 언덕 위에 태어나 1년도 못 살고 세상을 뜬 이진이 쓸쓸히 잠들어 있다. 숭인원의 참도에는 박석이 깔리지 않고, 배위와 같은 전돌이 깔린 게 특징이다. 그의 할머니가 잠들어 있는 영휘원에도 마찬가지로 참도에 까만 전돌이 깔려 있다.

● 숭인원 비석에는 '원손숭인원(元孫崇仁園)'이라 쓰여 있다. 숭인원의 비각과 비석, 모두가 슬퍼 보인다.

둔 이진이 황세손인 게 탐탁지는 않았을 것이다. 의민황태자비가 일본 황족 출신이기 때문이다. 어찌 되었거나 황세손 이진은 죽기 전 초콜릿 색의 핏덩어리를 계속 토해냈다고 한다.

일본에서는 굳이 이진을 죽일 필요성은 없었을 것 같다. 오히려 우리나라에서 일본 황족의 피가 섞인 왕자를 증오하여 죽였을 가능성이 더 높지 않았을까 싶다. 그때 정서로 보면 후자가 맞을 듯싶다. 아니면 당시 이진을 진찰했던 의사의 소견처럼 소화불량이 원인일 가능성도 있다. 일본과 우리나라의 교통상황도 안 좋고 이진이 태어난 지 얼마 안 되어 일본에서 우리나라까지 이동거리가 멀었던 게 원인이었을지도 모른다. 하지만 아직까지도 명확한 증거는 드러나 있지 않다.

이진이 조선 왕가의 대를 이어가기는 어려웠을 것이다. 만약 그렇게 되었다면 정국은 혼란에 혼란을 거듭할 수밖에 없었을 것이다. 그의 어머니가 누구인가? 우리나라를 강탈하고 주권을 빼앗은 일본 여성이다. 그것도 일본 황족 출신이다. 그러니 이진의 몸속에는 일본 황실의

● 황세손 이진이 잠들어 있는 숭인원 옆에는 할머니 순헌황귀비가 잠들어 있는 영휘원이 있다. 그 사이에 왕에게 올릴 물을 긷던 우물인 어정이 남아있다. 여름과 가을의 어정이다.

피가 흐르고 있을 게 아닌가. 우리가 문제를 일으킬 요소가 충분하다.

의민황태자(영친왕)의 장남 이진이 갑자기 사망하자 순종 황제는 원손의 예로 묘를 원으로 조성하여 장례를 치르게 했다. 이진은 대한제국 최초의 황세손이나 다름없었기 때문이다. 그는 친할머니인 순헌황귀비 엄씨가 잠들어 있는 영휘원 옆 동산에 모셨다. 그의 원호는 숭인원崇仁園이다. 현재 숭인원은 서울특별시 동대문구 청량리동 204-2 영휘원과 함께 있다.

대한제국 최초의 황세손 이진은 일본에서 태어나 8개월 좀 넘었을 때 아버지의 나라를 찾았다. 그런데 일본으로 귀국을 앞둔 하루 전날 변을 당하고 말았다. 그는 의소세손에 이어 두 번째로 왕이 되지 못하고 죽은 비운의 왕세손에 이름을 올렸다.

그의 할아버지 고종과 그의 할머니 순헌황귀비 엄씨는 이미 세상을

● 의민황태자의 할아버지 조선 제26대 왕 고종과 할머니 명성황후 민씨의 합장릉인 홍릉 능침과 아버지 의민황태자(영친왕)와 어머니의 합장원 영원이다. 그리고 그의 곁에 홀로 잠든 또 한 분의 할머니 순헌황귀비 엄씨(고종의 후궁)의 영휘원 모습이다.

● 단명한 조선의 황세손 이진의 숭인원을 앞에서 바라본 모습과 곡장 뒤에서 바라본 모습이다. 순헌황귀비의 영휘원 오른쪽에 자리한 숭인원은 사초지 아래서 봉분이 보이지 않을 정도로 경사가 심하다. 봉분 앞에 세워진 장명등과 망주석, 문석인의 머리 부분과 석마의 등만 겨우 보일 정도다. 황세손의 무덤이지만 석물의 모습이나 크기가 사대부 묘보다 못하다.

떠서 얼굴조차 모르지만 의민황태자의 이복형인 조선의 마지막 왕 순종황제 부부는 황세손 이진을 처음이자 마지막으로 본 셈이 되었다. 그래도 우리나라에 왔을 때 죽어 순종 황제의 명에 따라 후하게 장례를 치러주었다.

그의 할머니 순헌황귀비 엄씨의 영휘원 바로 옆 동산에 그나마 덜 외롭게 잠들게 해주었다. 그를 낳아준 아버지 의민황태자와 어머니는 합장되어 할아버지 고종과 할머니 명성황후 민씨가 합장되어 잠들어 있는 홍릉 곁 영원에 잠들어 있다.

간추린 조선왕조이야기

조선왕조는 1392년 8월 5일에 건국하여 1910년 8월 29일에 종말을 고했다. 건국시조 태조를 시작으로 27명의 왕이 519년 동안 조선의 역사를 만들어내는 데 앞장섰다. 그중 2명은 왕위에서 폐위되어 묘호를 받지 못해 종묘에 신주도 봉안되지 못했다. 그들이 바로 연산군과 광해군이다. 그들은 왕의 자리에 10년 이상이나 올라 있었지만 하루아침에 죄인이 되는 신세가 되고 말았다.

왕은 여러 개의 이름을 가지고 있다. 어려서 불렀던 아명에서부터 죽고 나서 붙여지는 묘호에 이르기까지 보통 3개 이상은 된다. 살아있

을 때 휘諱라 하고, 죽은 후 종묘에 올리는 이름을 묘호廟號라 한다. 묘
호는 두 글자인데 앞의 글자는 생전에 왕의 업적을 평가하여 붙이는 것
으로 왕에 따라 달라지고, 뒤의 글자는 '조'나 '종' 중 하나를 붙인다.

'조'는 나라를 세우거나 중흥시키는 등 공적이 두드러지는 경우에,
'종'은 앞선 왕의 업적을 물려받아 덕으로 나라를 다스려 문물을 융성
하게 한 경우에 붙인다. 조선의 왕들 중 7명만 묘호에 '조'가 붙었다. 묘
호가 처음 정해진 뒤 바뀐 왕들도 8명이나 된다. 처음에 세조는 신종,
선조는 선종, 인조는 열종, 영조는 영종, 정조는 정종, 순조는 순종, 추
존왕 장조는 장종, 추존왕 문조는 익종이었다. 그런데 이들 모두 묘호
에 붙었던 '종'이 후손들에 의해 '조'로 바뀌었다.

왕실의 호칭도 다양하다. 왕비가 낳은 아들은 '대군'이라 불렸고, 딸

제1대	태조	제10대	연산군	제19대	숙종
제2대	정종	제11대	중종	제20대	경종
제3대	태종	제12대	인종	제21대	영조
제4대	세종	제13대	명종	제22대	정조
제5대	문종	제14대	선조	제23대	순조
제6대	단종	제15대	광해군	제24대	헌종
제7대	세조	제16대	인조	제25대	철종
제8대	예종	제17대	효종	제26대	고종
제9대	성종	제18대	현종	제27대	순종

은 '공주'라 불렀다. 그리고 후궁이 낳은 아들은 '군', 딸은 '옹주'라 불렀다. 왕비의 아버지는 '부원군'이라 불렀다.

한편 세자의 신분으로 왕위에 오르지 못하고 세상을 떠났지만 그의 아들이 왕위에 올랐거나, 반정으로 왕위에 오른 왕의 아버지에게도 죽은 뒤 묘호廟號가 올려졌다. 그들을 추존왕이라 부르는데 조선의 추존왕追尊王은 모두 9명이다.

그들 중에는 조선 건국왕 태조의 4대 조상으로 목조, 익조, 도조, 환조 등 4명의 추존왕이 있고, 덕종, 원종, 진종, 장조, 문조 등 5명의 추존왕이 있다. 또 적통이 끊어져 방계가 왕이 된 경우 그 왕의 아버지를 '대원군'이라 부른다. 조선시대 대원군은 덕흥대원군, 전계대원군, 흥선대원군 등 3명이 있다.

그리고 황제의 칭호를 받은 조선의 왕이 10명이 있다. 1897년(고종 34년) 10월 12일 문무백관이 지켜보는 가운데 고종이 황제로 즉위했다. 그때 고종은 국호를 대한제국으로 바꾸었고, 연호를 광무라 하여 우리나라가 자주독립국임을 국내외에 선포했다. 그 뒤 황제가 된 고종은 건국왕 태조를 고황제로 추존하였고, 그의 4대조인 추존왕 장조를 의황제, 정조를 선황제, 순조를 숙황제, 추존왕 문조를 익황제로 추존했다.

그 후 고종이 물러나고 순종이 1907년 즉위하면서 연호를 융희로 바꾸고, 추존왕 진종을 소황제, 헌종을 성황제, 철종을 장황제로 추존했다. 그리하여 고종과 순종을 포함하여 10명의 왕이 황제 칭호를 받았다. 고종은 태황제, 순종은 효황제다. 하지만 자주독립과 부국강병의 기치를 내걸고 탄생했던 대한제국은 13년 만에 역사의 뒤안길로 사라지고 말았다. 경술국치일인 1910년 8월 29일, 일본에 강제 합병되면서 멸망하고 말았다.

종묘에 신주가 모셔져 있는 조선의 왕과 왕비는 추존왕과 그의 비까지 포함하여 왕이 34명, 왕비가 47명이다. 그 외에 고종의 아들 이은(영친왕)과 그의 부인(이방자 여사)의 신주가 종묘에 모셔져 있다. 추존왕과 그의 비를 제외하면 실제 왕위에 오른 사람은 27명, 왕비는 41명이 된다.

이 책에는 종묘에 신주가 모셔져 있지 않은 연산군과 광해군을 실제 왕에 포함시켰으며, 성종의 계비였던 폐비 윤씨와 연산군과 광해군 부인도 실제 왕비에 포함시켰다. 하지만 희빈 장씨(장희빈)는 왕비에 올라있긴 했지만 폐비가 되면서 후궁으로 강등되었으므로 후궁에 포함시켰다.

조선왕조 이야기를 책으로 엮으면서 종묘에 신주가 모셔져 있는 왕과 왕비의 능, 칠궁에 신주가 모셔져 있는 왕을 낳은 7명 후궁들의 원, 왕이 되지 못하고 죽은 12명의 왕세자와 2명의 왕세손들의 원도 모두 답사를 마쳤다. 답사를 하면서 그들과 역사 이야기를 충분히 나누었다. 한 번 만나고 아쉬우면 다시 찾아가 이야기를 나누다 돌아오곤 했다.

대여섯 번 찾아간 곳도 있다.

그 밖의 3명의 대원군 묘는 물론 후궁, 왕자, 공주 등의 묘도 대부분 찾아가 이야기를 나누었다. 그 뿐만이 아니라 그들의 흔적이 남아 있는 궁궐을 비롯하여 잠저 및 잠저지, 유배지까지 샅샅이 찾아다녔다. 그렇게 찾아다니며 그들과 나눈 이야기를 이 책에 담은 것이다. 그런데 북한에 있는 조선 건국왕 태조의 원비 신의왕후 한씨와 제2대왕 정종과 정안왕후 김씨의 후릉을 답사할 수 없어서 안타까웠다.

현재 남아 있는 조선왕조의 무덤은 모두 120기가 된다. 그중 왕릉이 일반추존왕릉 5기를 포함하여 42기, 원이 14기, 묘가 64기이다. 42기의 왕릉 중 북한에 있는 2기를 제외한 40기만이 2009년 6월 30일 유네스코가 제정한 세계문화유산에 등재되었다. 5명의 일반 추존 왕릉까지 모두 세계문화유산이 되었다.

책 뒤편 부록에 42기(북한에 소재한 제릉과 후릉 포함)의 조선 왕릉과 14기의 원, 3기의 대원군 묘, 그리고 북한에 소재한 태조 이성계의 4대조인 목조, 익조, 도조, 환조 부부의 왕릉까지 소개하여 이곳을 답사하고자 하는 독자들에게 참고가 될 수 있도록 했다. 태조 이성계는 자신의 4대 조상을 왕과 왕후로 추존했다.

42기의 조선 왕릉은 단릉, 쌍릉, 합장릉, 동원이강릉, 동원상하릉, 삼연릉, 동봉삼실릉 등으로 조성되어 있다. 27명의 왕 중 태조, 단종, 중종 등 3명의 왕은 홀로 잠들어 있다. 나머지 24명의 왕은 원비, 혹은 계비와 나란히 아니면 합장되어 있다. 41명의 왕비들 중 28명만 왕 곁에 있고, 13명은 홀로 잠들어 있다. 그 중 8명이 원비이다. 이처럼 왕들이 원비보다 계비를 곁에 두고 잠들어 있는 경우가 더 많았다. 53년이나 영조의 원비로 살아온 정성왕후 서씨도, 15세에 영조의 계비가 된 정순왕후 김씨에게 왕 곁을 빼앗기고 홀로 잠들어 있으니 말하면 무엇하겠는가.

왕은 나이에 제한 없이 왕위에 올랐다. 태조는 58세로 조선왕조 역대 왕들 중 가장 많은 나이에 왕위에 올랐고, 헌종은 8세로 가장 어린 나이에 왕위에 올랐다. 재위 기간도 제각각이다. 왕위에 오르면 거의 대부분 죽을 때까지 왕의 자리를 지켰기 때문이다. 영조는 재위 기간이 51년 7개월로 가장 길고, 인종은 재위 기간이 8개월로 가장 짧다. 왕들 대부분이 단명했다.

장수한 왕은 영조로 83세까지 천수를 누리다 죽었다. 반면 단종은 17세에 세상을 떠나 왕들 중 가장 어린 나이에 죽었다. 왕비들도 단명한 경우가 많다. 세자빈 시절에 죽어 남편이 왕위에 오르면서 추존된 왕비가 4명이나 된다. 그리고 왕비가 된 후 산후통으로 사망한 왕비들도 여러 명이다.

조선을 실제 이끌어온 왕들을 보면 장남보다 차남이 왕위에 오른 경우가 훨씬 더 많다. 장남으로 왕위에 오른 왕은 문종, 단종, 연산군, 인종, 인조, 현종, 숙종, 경종, 헌종 등 9명뿐이다. 또한 적통만 왕위에 오른 것도 아니다. 제14대 왕 선조부터는 방계 혈통도 보위에 오르기 시작했다. 그 뒤로 후궁의 아들이 왕위에 줄줄이 올랐다. 왕비도 맏딸보다는 외동딸이나 막내딸이 왕비에 오른 경우가 더 많았다.

조선의 실제 왕 27명 중 14명은 왕을 낳았고, 13명은 왕을 낳지 못했다. 왕을 낳은 14명의 왕들 중 태조, 세종, 성종, 중종, 숙종 등 5명의 왕은 2명의 왕을 낳았다. 그리하여 19명이 실제 왕의 아들로 조선의 왕이 되었다. 나머지 8명의 왕은 추존왕의 아들 5명과 대원군의 아들 3명이 조선 왕에 합류했다. 그 중 다산왕은 태종과 성종이다. 태종은 슬하에 12남 17녀를, 성종은 16남 13녀를 두어 둘 다 자녀가 29명이나 된다.

아들이 가장 많은 왕은 세종으로 18남이고, 딸이 가장 많은 왕은 태종으로 17녀다. 자녀가 20명이 넘는 왕은 정종, 태종, 세종, 성종, 중종, 선조 등 6명이며, 자녀를 한 명도 낳지 못한 왕은 단종, 인종, 경종, 순종 등 4명이나 된다. 명종과 헌종은 자녀를 한 명 낳았지만 일찍 세상을 떠났다. 또한 철종은 5남 6녀를 낳았으나 옹주 한 명만이 간신히 살아남아 14세에 태극기를 만든 박영효에게 출가시켰는데 출가한 지 3개월 만에 요절하고 마는 비운을 겪었다.

왕비와 후궁을 합쳐 부인을 10명 이상 둔 왕들은 정종, 태종, 성종, 중종, 고종 등이다. 여인들 때문에 골치 꽤나 아팠던 숙종은 9명의 부인을 두었다.

후궁도 없이 부인을 왕비 1명만 둔 왕은 현종뿐이다. 현종은 15년 3개월이나 재위하였는데 특이한 왕이라고 할 수 있다. 일편단심 민들레였나 보다. 왕비 외에 후궁을 1명도 두지 않은 왕은 현종, 경종, 순종 등 3명이다. 그중 경종과 순종은 후궁은 두지 않았지만 원비가 일찍 죽는 바람에 왕비를 2명씩 두었다.

27명의 조선 왕들 중 왕비를 1명 둔 왕은 16명, 왕비를 2명 둔 왕은 8명, 왕비를 3명 둔 왕은 성종, 중종, 숙종 등 3명이다. 성종에게 폐비 윤씨를 포함시켜 성종이 3명의 왕비를 둔 왕에 포함되었다.

조선의 실제 왕비 41명 중 28명이 왕을 낳지 못하였고, 13명만이 왕을 낳았다. 왕을 낳은 13명의 실제 왕비 중 제1대왕 태조의 원비 신의왕후 한씨와 제4대왕 세종의 비 소헌왕후 심씨는 2명의 왕을 낳아 27명의 실제 왕 중 15명의 왕만 실제 왕비 소생이다. 나머지 12명의 왕은 왕비의 소생이 아닌 후궁의 소생 4명, 추존왕비의 소생 5명, 대원군 부인의 소생 3명이 각각 왕위에 올랐다. 실제 왕비 41명에는 폐비 3명(성종, 연산군, 광해군의 비)이 포함되었음을 다시 밝힌다. 9명의 추존왕비를 포함하면 조선의 왕비는 모두 50명이다.

실제 왕과 실제 왕비들 중 연산군과 광해군은 물론 그들의 비와 성종의 비였던 폐비 윤씨는 종묘에 신주가 자리하지 못했다. 연산군은 11년 9개월, 광해군은 15년 1개월이나 왕위에 올라있었지만 그들의 실정으로 죽어서도 대접 받지 못하고 있다. 그들은 폐위되어 죄인으로 살다가 유배지에서 각각 생을 마감했다. 그들의 무덤도 왕릉이 아니고 왕자의 묘로 조성되어 있다.

또한 왕비에 올라 3년간이나 왕비 노릇을 한 폐비 윤씨도 대접 받지 못하는 것은 마찬가지다. 아들 연산군이 보위에 올랐으나 서인으로 강등되었기 때문에 왕비 대접은커녕 후궁 대접도 못 받는 신세가 되었다. 종묘 다음으로 큰, 왕을 낳은 후궁들의 사당인 칠궁에도 그녀의 신주는 들어가지 못했다.

칠궁에는 후궁으로 왕의 어머니가 된 추존왕 원종의 어머니 인빈 김씨, 경종의 어머니 희빈 장씨, 영조의 어머니 숙빈 최씨, 추존왕 진종의 어머니 정빈 이씨, 추존왕 장조의 어머니 영빈 이씨, 순조의 어머니 수빈 박씨, 영친왕의 어머니 순헌황귀비 엄씨 등 7명의 신주가 모셔져 있다. 폐비 윤씨에 비하면 장희빈은 행운이다. 왕비에 올라 있다가 폐비가 되었는데 서인이 아닌 빈으로 강등되어 후궁의 자리는 유지하게 되었기 때문이다.

왕비의 자리에 올라보지도 않았던 추존왕비 9명과 조선이 건국하기 전에 죽은 태조의 원비 신의왕후 한씨, 그리고 세자빈 시절에 죽었지만 왕비로 추존된 4명의 신주는 모두 남편과 함께 종묘에 나란히 모셔져 있다. 세자빈 시절에 죽은 후 왕비로 추존된 세자빈으로는 문종 비 현덕왕후 권씨, 예종 비 장순왕후 한씨, 경종 비 단의왕후 심씨, 순종 비 순명황후 민씨 등이다.

그들은 왕비에 오르기 전에 죽었지만 남편이 왕위에 오르면서 왕비로 추존되어 신주가 종묘에 모셔지게 되었다. 그리하여 종묘에는 34명의 왕과 47명 왕비의 신주가 모셔져 있다. 이렇듯 추존왕과 추존왕비의 신주는 종묘에 봉안되었지만 2명의 폐왕과 폐비 윤씨를 포함 3명의 폐비는 끝내 봉안되지 못했다.

　　한편 조선의 왕비들 중 11명이 폐비의 경력을 갖고 있다. 그중 태조의 계비 신덕왕후 강씨, 문종 비 현덕왕후 권씨, 단종 비 정순왕후 송씨, 중종 원비 단경왕후 신씨, 선조 계비 인목왕후 김씨, 숙종 제1계비 인현왕후 민씨, 고종 비 명성황후 민씨 등 7명은 조선이 패망하기 전 왕비로 복위되었으나 나머지 4명은 아예 복위되지 못한 채 조선이 문을 닫았다. 폐서인이 된 성종의 계비 윤씨, 군부인으로 강등된 연산군과 광해군의 부인, 그리고 후궁으로 강등된 장희빈 등이 왕비로 복위되지 못하고 영원히 폐비로 남게 되었다.

　　종묘는 본래의 건물 정전과 별도의 사당 영녕전을 비롯하여 여러 부속건물이 있다. 태조 이성계가 1394년(태조 3년)에 한양으로 도읍을 옮기면서 짓기 시작하여 그 이듬해에 완성되었다. 태조는 4대(목조, 익조, 도조, 환조) 조상을 창업왕으로 추존하여 정전에 모셨다.

　　그 후 세종 때 정종이 죽자 모셔둘 정전이 없어 중국 송나라 제도를 따라서 1421년(세종 3년)에 영녕전을 세워 4대 추존왕의 신주를 옮겨다 모셨다.

'신줏단지 모시듯 한다.'는 말의 의미를 증명이라도 하듯 선조는 임진왜란 때 한양을 버리고 의주로 피난을 떠나는 극단적인 상황에서도 종묘에 모셔져 있는 신주와 함께했다. 아마 그때 신주를 그대로 놓고 피난을 갔으면 역시 모두 불타버렸을 것이다. 선조가 행한 일 중 신줏단지를 잘 모신 일이 그래도 가장 잘한 일이 아닌가 싶다.

그런데 1592년(선조 25년) 임진왜란으로 종묘의 정전이 경복궁과 함께 불에 타버렸다. 그 후 1608년(광해군 원년) 광해군 때 다시 지어 몇 차례의 보수를 통해 현재 19칸의 건물이 되었다. 광해군은 아마 자신도 죽으면 종묘에 당연히 자신의 신주가 봉안되리라 믿고 불타버린 종묘를 정성을 다해 재건했을 것이다. 하지만 그는 폐위되어 안타깝게도 종묘에 신주가 없다.

종묘의 정전에는 19분 왕과 30분 왕후의 신주가 모셔져 있다. 정전뿐 아니라 영녕전도 임진왜란 때 불에 타 1608년(광해군 원년)에 다시 지었다. 그곳에는 현재 16칸에 15분 왕과 17분 왕후, 그리고 조선 마지막 황태자인 의민황태자(영친왕)와 부인 이방자 여사의 신주가 모셔져 있다.

계산해보니 정전에 49분의 신주가 모셔져 있고, 영녕전에 34분의 신주가 모셔져 있다. 정전 앞에 세워져 있는 공신당에는 조선시대 83명 공신들의 신주를 모셔놓았다. 종묘의 정전과 영녕전 및 주변 환경이 원형 그대로 보존되어 있어 1995년 유네스코에서 제정한 '세계문화유산'으로 등재되었다.

한편 중요무형문화재인 종묘제례와 종묘제례악은 2001년 '인류구전 및 무형유산걸작'으로 등재되었다.

조선왕계도

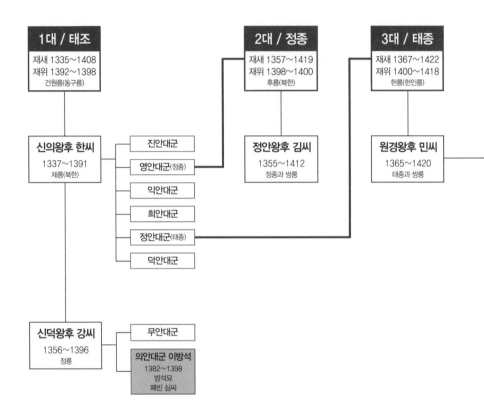

1대 / 태조
재새 1335~1408
재위 1392~1398
건원릉(동구릉)

2대 / 정종
재새 1357~1419
재위 1398~1400
후릉(북한)

3대 / 태종
재새 1367~1422
재위 1400~1418
헌릉(헌인릉)

신의왕후 한씨
1337~1391
제릉(북한)

진안대군

영안대군(정종)

익안대군

희안대군

정안대군(태종)

덕안대군

정안왕후 김씨
1355~1412
정종과 쌍릉

원경왕후 민씨
1365~1420
태종과 쌍릉

신덕왕후 강씨
1356~1396
정릉

무안대군

의안대군 이방석
1382~1398
방석묘
폐빈 심씨

▓ 폐세자
▒ 요절한 왕세자
▓ 폐세자 후 복위
▒ 황태자
▓ 왕세손

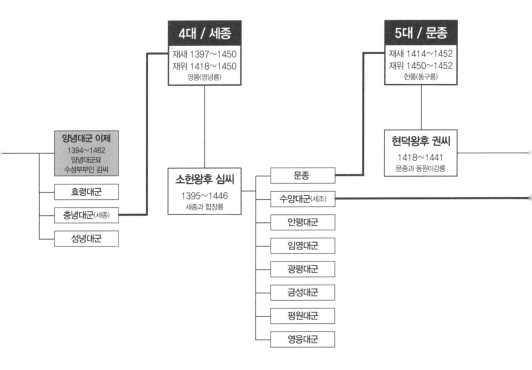

4대 / 세종

재새 1397~1450
재위 1418~1450
영릉(영녕릉)

5대 / 문종

재새 1414~1452
재위 1450~1452
헌릉(동구릉)

양녕대군 이제

1394~1462
양녕대군묘
수성부인 김씨

효령대군

충녕대군(세종)

성녕대군

소헌왕후 심씨

1395~1446
세종과 합장릉

현덕왕후 권씨

1418~1441
문종과 동원이강릉

문종

수양대군(세조)

안평대군

임영대군

광평대군

금성대군

평원대군

영응대군

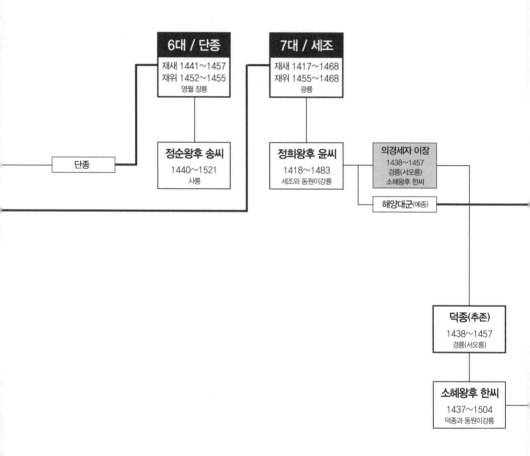

6대 / 단종

재새 1441~1457
재위 1452~1455
영월 장릉

7대 / 세조

재새 1417~1468
재위 1455~1468
광릉

단종

정순왕후 송씨

1440~1521
사릉

정희왕후 윤씨

1418~1483
세조와 동원이강릉

의경세자 이장

1438~1457
경릉(서오릉)
소혜왕후 한씨

해양대군(예종)

덕종(추존)

1438~1457
경릉(서오릉)

소혜왕후 한씨

1437~1504
덕종과 동원이강릉

■ 폐세자
■ 요절한 왕세자
■ 폐세자 후 복위
■ 황태자
■ 왕세손

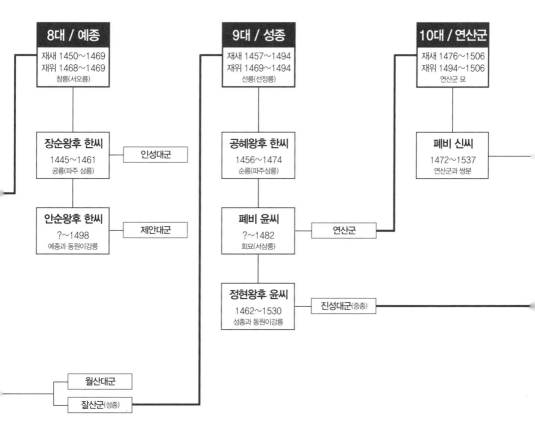

8대 / 예종
재새 1450~1469
재위 1468~1469
창릉(서오릉)

장순왕후 한씨
1445~1461
공릉(파주 삼릉)

인성대군

안순왕후 한씨
?~1498
예종과 동원이강릉

제안대군

9대 / 성종
재새 1457~1494
재위 1469~1494
선릉(선정릉)

공혜왕후 한씨
1456~1474
순릉(파주삼릉)

폐비 윤씨
?~1482
회묘(서삼릉)

연산군

정현왕후 윤씨
1462~1530
성종과 동원이강릉

진성대군(중종)

10대 / 연산군
재새 1476~1506
재위 1494~1506
연산군 묘

폐비 신씨
1472~1537
연산군과 쌍분

월산대군

잘산군(성종)

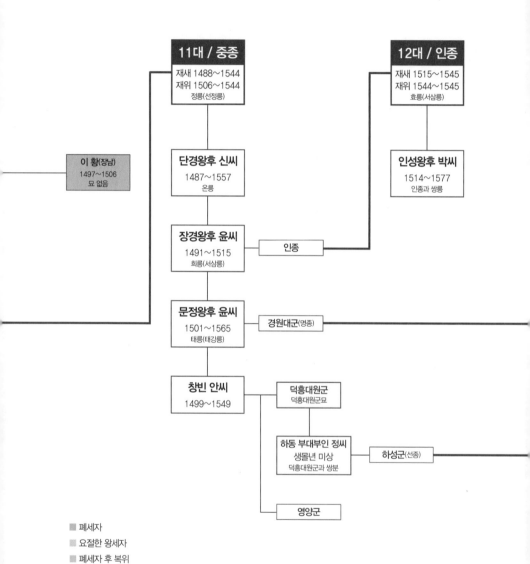

11대 / 중종
재새 1488~1544
재위 1506~1544
정릉(선정릉)

12대 / 인종
재새 1515~1545
재위 1544~1545
효릉(서삼릉)

이 황(장남)
1497~1506
묘 없음

단경왕후 신씨
1487~1557
온릉

인성왕후 박씨
1514~1577
인종과 쌍릉

장경왕후 윤씨
1491~1515
희릉(서삼릉)

인종

문정왕후 윤씨
1501~1565
태릉(태강릉)

경원대군(명종)

창빈 안씨
1499~1549

덕흥대원군
덕흥대원군묘

하동 부대부인 정씨
생몰년 미상
덕흥대원군과 쌍분

하성군(선종)

영양군

- ▨ 폐세자
- ▨ 요절한 왕세자
- ▨ 폐세자 후 복위
- ▨ 황태자
- ▨ 왕세손

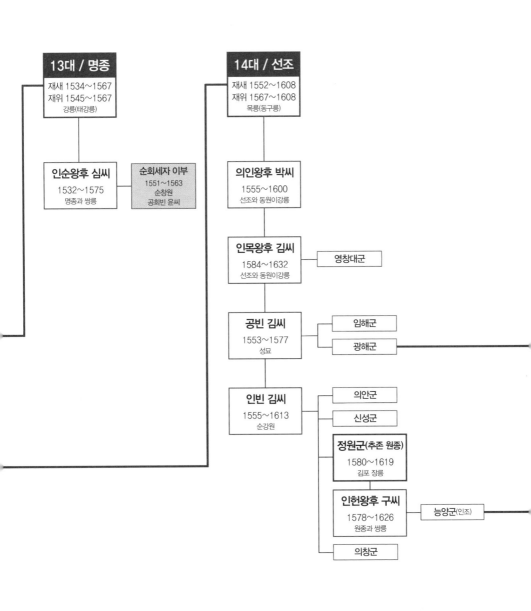

13대 / 명종

재새 1534~1567
재위 1545~1567
강릉(태강릉)

14대 / 선조

재새 1552~1608
재위 1567~1608
목릉(동구릉)

인순왕후 심씨

1532~1575
명종과 쌍릉

순회세자 이부

1551~1563
순창원
공회빈 윤씨

의인왕후 박씨

1555~1600
선조와 동원이강릉

인목왕후 김씨

1584~1632
선조와 동원이강릉

영창대군

공빈 김씨

1553~1577
성묘

임해군

광해군

인빈 김씨

1555~1613
순강원

의안군

신성군

정원군(추존 원종)

1580~1619
김포 장릉

인헌왕후 구씨

1578~1626
원종과 쌍릉

능양군(인조)

의창군

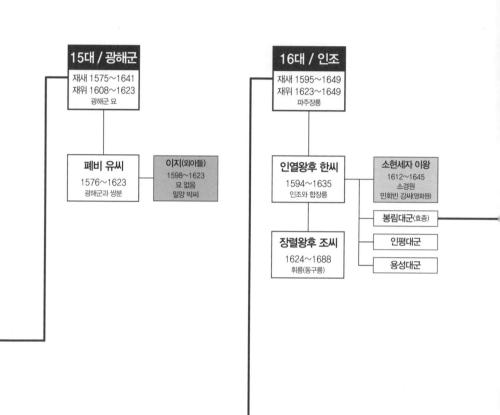

15대 / 광해군

재새 1575~1641
재위 1608~1623
광해군 묘

폐비 유씨

1576~1623
광해군과 쌍분

이지(외아들)

1598~1623
묘 없음
밀양 박씨

16대 / 인조

재새 1595~1649
재위 1623~1649
파주장릉

인열왕후 한씨

1594~1635
인조와 합장릉

장렬왕후 조씨

1624~1688
휘릉(동구릉)

소현세자 이왕

1612~1645
소경원
민회빈 강씨(영화원)

봉림대군(효종)

인평대군

용성대군

■ 폐세자
■ 요절한 왕세자
■ 폐세자 후 복위
■ 황태자
■ 왕세손

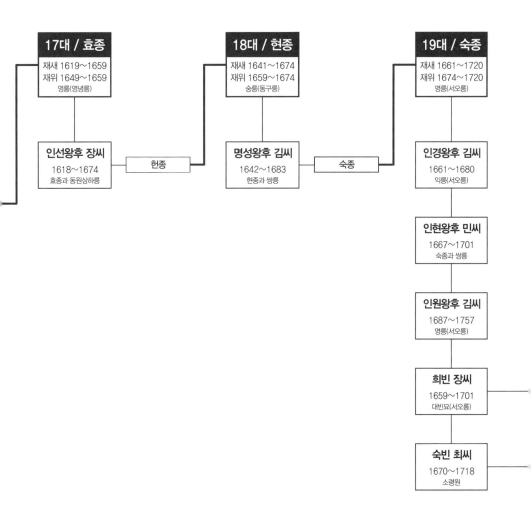

17대 / 효종

재새 1619~1659
재위 1649~1659
영릉(영녕릉)

인선왕후 장씨

1618~1674
효종과 동원상하릉

헌종

18대 / 현종

재새 1641~1674
재위 1659~1674
숭릉(동구릉)

명성왕후 김씨

1642~1683
현종과 쌍릉

숙종

19대 / 숙종

재새 1661~1720
재위 1674~1720
명릉(서오릉)

인경왕후 김씨

1661~1680
익릉(서오릉)

인현왕후 민씨

1667~1701
숙종과 쌍릉

인원왕후 김씨

1687~1757
명릉(서오릉)

희빈 장씨

1659~1701
대빈묘(서오릉)

숙빈 최씨

1670~1718
소령원

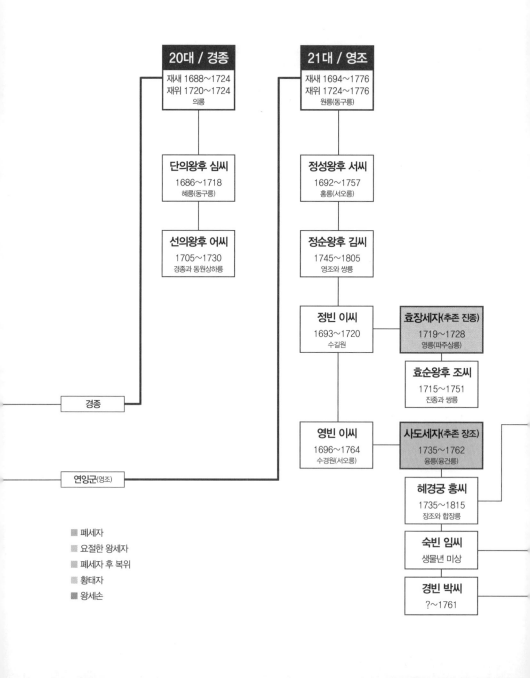

20대 / 경종

재새 1688~1724
재위 1720~1724
의릉

21대 / 영조

재새 1694~1776
재위 1724~1776
원릉(동구릉)

단의왕후 심씨

1686~1718
혜릉(동구릉)

정성왕후 서씨

1692~1757
홍릉(서오릉)

선의왕후 어씨

1705~1730
경종과 동원상하릉

정순왕후 김씨

1745~1805
영조와 쌍릉

정빈 이씨

1693~1720
수길원

효장세자(추존 진종)

1719~1728
영릉(파주삼릉)

효순왕후 조씨

1715~1751
진종과 쌍릉

경종

영빈 이씨

1696~1764
수경원(서오릉)

사도세자(추존 장조)

1735~1762
융릉(융건릉)

연잉군(영조)

혜경궁 홍씨

1735~1815
장조와 합장릉

숙빈 임씨

생몰년 미상

경빈 박씨

?~1761

▨ 폐세자
▨ 요절한 왕세자
▨ 폐세자 후 복위
▨ 황태자
▨ 왕세손

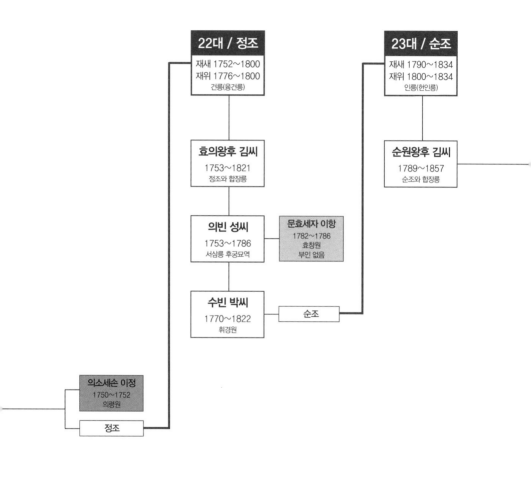

22대 / 정조
재새 1752~1800
재위 1776~1800
건릉(융건릉)

23대 / 순조
재새 1790~1834
재위 1800~1834
인릉(헌인릉)

효의왕후 김씨
1753~1821
정조와 합장릉

순원왕후 김씨
1789~1857
순조와 합장릉

의빈 성씨
1753~1786
서삼릉 후궁묘역

문효세자 이항
1782~1786
효창원
부인 없음

수빈 박씨
1770~1822
휘경원

순조

의소세손 이정
1750~1752
의령원

정조

은언군

은신군

은전군

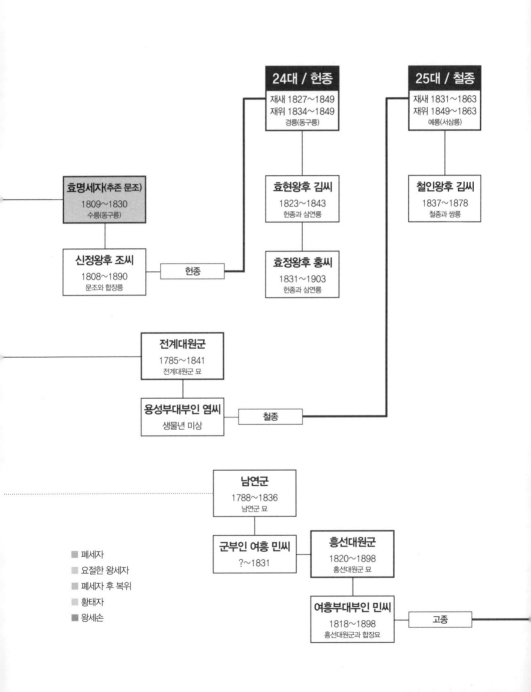

24대 / 헌종
재새 1827~1849
재위 1834~1849
경릉(동구릉)

25대 / 철종
재새 1831~1863
재위 1849~1863
예릉(서삼릉)

효명세자(추존 문조)
1809~1830
수릉(동구릉)

효현왕후 김씨
1823~1843
헌종과 삼연릉

철인왕후 김씨
1837~1878
철종과 쌍릉

신정왕후 조씨
1808~1890
문조와 합장릉

헌종

효정왕후 홍씨
1831~1903
헌종과 삼연릉

전계대원군
1785~1841
전계대원군 묘

용성부대부인 염씨
생몰년 미상

철종

남연군
1788~1836
남연군 묘

군부인 여흥 민씨
?~1831

흥선대원군
1820~1898
흥선대원군 묘

■ 폐세자
■ 요절한 왕세자
■ 폐세자 후 복위
■ 황태자
■ 왕세손

여흥부대부인 민씨
1818~1898
흥선대원군과 합장묘

고종

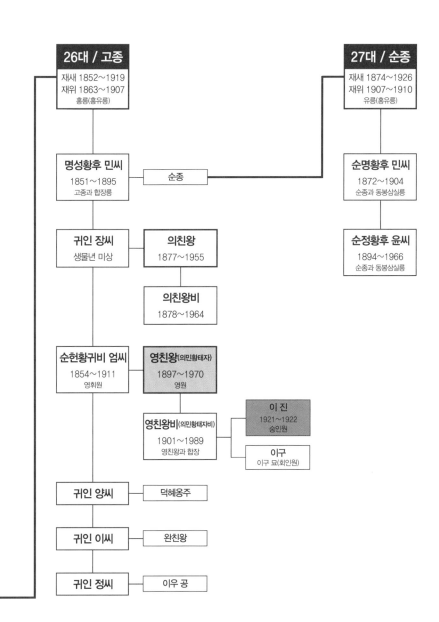

26대 / 고종
재새 1852~1919
재위 1863~1907
홍릉(홍유릉)

27대 / 순종
재새 1874~1926
재위 1907~1910
유릉(홍유릉)

명성황후 민씨
1851~1895
고종과 합장릉

순종

순명황후 민씨
1872~1904
순종과 동봉삼실릉

귀인 장씨
생물년 미상

의친왕
1877~1955

의친왕비
1878~1964

순정황후 윤씨
1894~1966
순종과 동봉삼실릉

순헌황귀비 엄씨
1854~1911
영휘원

영친왕(의민황태자)
1897~1970
영원

영친왕비(의민황태자비)
1901~1989
영친왕과 합장

이 진
1921~1922
숭인원

이구
이구 묘(회인원)

귀인 양씨

덕혜옹주

귀인 이씨

완친왕

귀인 정씨

이우 공

조선의 왕릉 42기

조선시대 왕족의 무덤은 능·원·묘로 구분했다. 왕과 왕비의 무덤을 '능', 왕세손, 왕세자와 왕세자빈 및 왕을 낳은 후궁 등의 무덤을 '원'이라 했다. 또 폐위된 왕과 왕비를 포함한 왕을 낳은 대원군 부부 외 왕족의 무덤은 일반인과 같이 '묘'라 했다. 조선왕실의 무덤은 120기가 남아 있다.

그중 왕릉이 42기, 원이 14기, 묘가 64기다. 그 밖에 태조 이성계의 4대조 왕릉이 4기가 남아있다. 조선의 왕릉은 《국조오례의》와 《경국대전》에 근거하여 조성했다. 왕과 왕비를 하나의 봉분에 합장한 형태를 기본으로 했으나 능의 형식은 다양하다. 아래 표에서도 볼 수 있듯이 왕릉은 합장릉, 단릉, 쌍릉, 동원이강릉, 동원상하릉, 삼연릉 등 다양한 형식으로 조성되어 있다.

구분	왕 · 왕후 (추존왕 · 왕후 5기 포함)	능호	소재지	형식	사적
1	태조 원비 신의왕후 한씨 계비 신덕왕후 강씨	건원릉 제릉 정릉	경기도 구리시 동구릉로 197(인창동) 개성시 판문군 상도리(북한) 서울특별시 성북구 아리랑로19길 116(정릉동)	단릉 단릉 단릉	193호 208호
2	정종 · 정안왕후 김씨 ·	후릉	개성시 판문군 령정리(북한)	쌍릉	
3	태종 · 원경왕후 민씨	헌릉	서울특별시 서초구 헌인릉길 34(내곡동)	쌍릉	194호
4	세종 · 소헌왕후 심씨	영릉	경기도 여주시 능서면 영릉로 269-50(번도리)	합장릉	195호
5	문종 · 현덕왕후 권씨	현릉	경기도 구리시 동구릉로 197(인창동)	동원이강릉	193호
6	단종 정순왕후 송씨	장릉 사릉	강원도 영월군 영월읍 단종로 190(영흥리) 경기도 남양주시 진건읍 사릉로 180(사능리)	단릉 단릉	196호 209호
7 추존	세조 · 정희왕후 윤씨 덕종 · 소혜왕후 한씨	광릉 경릉	경기도 남양주시 광릉수목원로 354(진접읍, 광릉) 경기도 고양시 덕양구 용두동 475-92번지(서오릉)	동원이강릉 동원이강릉	197호 198호
8	예종 · 계비 안순왕후 한씨 원비 장순왕후 한씨	창릉 공릉	경기도 고양시 덕양구 용두동 475-92번지(서오릉) 경기도 파주시 조리읍 봉일천리 산15-1(파주 삼릉)	동원이강릉 단릉	198호 205호
9	성종 · 계비 정현왕후 윤씨 원비 공혜왕후 한씨	선릉 순릉	서울특별시 강남구 선릉로100길 1(삼성동) 경기 파주시 조리읍 삼릉로 89(봉일천리)	동원이강릉 단릉	199호 205호
10	연산군 · 폐비 신씨	연산군묘	서울특별시 도봉구 방학로17길 46(방학동)	쌍분	362호
11	중종 원비 단경왕후 신씨 제1 계비 장경왕후 윤씨 제2 계비 문정왕후 윤씨	정릉 온릉 희릉 태릉	서울특별시 강남구 선릉로100길 1(삼성동) 경기도 양주시 장흥면 호국로 255-41(일영리) 경기도 고양시 덕양구 서삼릉길 233-126(원당동) 서울특별시 노원구 화랑로 681(공릉동)	단릉 단릉 단릉 단릉	199호 210호 200호 201호
12	인종 · 인성왕후 박씨	효릉	경기도 고양시 덕양구 서삼릉길 233-126(원당동)	쌍릉	200호
13	명종 · 인순왕후 심씨	강릉	서울특별시 노원구 화랑로 681(공릉동)	쌍릉	201호
14	선조 · 원비 의안왕후 박씨 계비 인목왕후 김씨	목릉	경기도 구리시 동구릉로 197(인창동)	동원이강릉	193호
15 추존	광해군 · 폐비 류씨 원종 · 인헌왕후 구씨	광해군묘 장릉	경기도 남양주시 진건읍 사릉로264번길 140-66 경기도 김포시 장릉로 79(풍무동)	쌍분 쌍릉	363호 202호

구분	왕·왕후 (추존왕·왕후 5기 포함)	능호	소재지	형식	사적
16	인조·인열왕후 한씨 계비 장렬왕후 조씨	장릉 휘릉	경기도 파주시 탄현면 장릉로 90 경기도 구리시 동구릉로 197(인창동)	합장릉 단릉	203호 193호
17	효종·인선왕후 장씨	영릉	경기도 여주시 능서면 영릉로 269-50(번도리)	쌍릉	195호
18	현종·명성왕후 김씨	숭릉	경기도 구리시 동구릉로 197(인창동)	쌍릉	193호
19	숙종 제1 계비 인현왕후 민씨 제2 계비 인원왕후 김씨 원비 인경왕후 김씨	명릉 익릉	경기도 고양시 덕양구 용두동 475-92번지(서오릉) 경기도 고양시 덕양구 용두동 475-92번지(서오릉)	동원이강릉 단릉	198호 198호
20	경종·계비 선의왕후 어씨 원비 단의왕후 심씨	의릉 혜릉	서울특별시 성북구 화랑로32길 146-20(석관동) 경기도 구리시 동구릉로 197(인창동)	쌍릉 단릉	204호 193호
21 추존 추존 추존	영조·계비 정순왕후 김씨 원비 정성왕후 서씨 진종·효순왕후 조씨 장조·헌경왕후 홍씨	원릉 홍릉 영릉 융릉	경기도 구리시 동구릉로 197(인창동) 경기도 고양시 덕양구 용두동 475-92번지(서오릉) 경기도 파주시 조리읍 삼릉로 89(봉일천리) 경기도 화성시 효행로 481번길 21(안녕동)	쌍릉 단릉 씽릉 합장릉	193호 198호 205호 206호
22	정조·효의왕후 김씨	건릉	경기도 화성시 효행로 481번길 21(안녕동)	합장릉	206호
23 추존	순조·순원왕후 김씨 문조·신정왕후 조씨	인릉 수릉	서울특별시 서초구 헌인릉길 34(내곡동) 경기도 구리시 동구릉로 197(인창동)	합장릉 합장릉	194호 193호
24	헌종·원비 효현왕후 김씨 계비 효정왕후 홍씨	경릉	경기도 구리시 동구릉로 197(인창동)	삼연릉	193호
25	철종·철인왕후 김씨	예릉	경기도 고양시 덕양구 서삼릉길 233-126(원당동)	쌍릉	200호
26	고종·명성황후 민씨	홍릉	경기도 남양주시 홍유릉로 352-1(금곡동)	합장릉	207호
27	순종·원비 순명황후 민씨 계비 순정황후 윤씨	유릉	경기도 남양주시 홍유릉로 352-1(금곡동)	합장릉	207호

조선의 원 14기

구분	원호	존호	소재지	사적	비고
1	순창원 (順昌園)	순회세자 공회빈 윤씨	경기 고양시 덕양구 용두동 475-92번지(서오릉)	198호	제13대 명종 적장자 부부
2	순강원 (順康園)	인빈 김씨 (제14대 선조의 후궁)	경기 남양주시 진접읍 내각2로 84-31, 외(내각리)	356호	추존왕 원종의 생모
3	소경원 (紹慶園)	소현세자	경기도 고양시 덕양구 원당동 산37-1(서삼릉)	200호	제16대 인조의 적장자
4	영회원 (永懷園)	민회빈 강씨 (소현세자빈)	경기도 광명시 노온사동 산141-20번지	357호	소현세자의 부인
5	소령원 (昭寧園)	숙빈 최씨 (제19대 숙종의 후궁)	경기도 파주시 광탄면 소령원길 41-65	358호	제21대 영조의 생모
6	수길원 (綏吉園)	정빈 이씨 (제21대 영조의 후궁)	경기도 파주시 광탄면 영장리 267	359호	추존왕 진종(효장세자)의 생모
7	수경원 (綏慶園)	영빈 이씨 (제21대 영조의 후궁)	경기 고양시 덕양구 용두동 475-92번지(서오릉)	198호	추존왕 장조(사도세자)의 생모
8	의령원 (懿寧園)	의소세손	경기도 고양시 덕양구 서삼릉길 233-126(원당동)	200호	추존왕 장조(사도세자)의 적장
9	효창원 (孝昌園)	문효세자	경기도 고양시 덕양구 서삼릉길 233-126(원당동)	200호	제22대 정조의 서자
10	휘경원 (徽慶園)	수빈 박씨 (제22대 정조의 후궁)	경기도 남양주시 진접읍 부평리 267 외	360호	제23대 순조의 생모
11	영휘원 (永徽園)	순헌황귀비 엄씨 (제26대 고종의 후궁)	서울특별시 동대문구 홍릉로 90 (청량리동)	361호	영친왕(의민황태자)의 생모
12	영원 (英園)	영친왕(의민황태자) 영친왕비(이방자)	경기도 남양주시 홍유릉로 352-1 (금곡동)	207호	제26대 고종의 서자 부부
13	숭인원 (崇仁園)	이진(황세손)	서울특별시 동대문구 홍릉로 90 (청량리동)	361호	영친왕(의민황태자)의 장남
14	회인원 (懷仁園)	이구(황세손)	경기도 남양주시 홍유릉로 352-1 (금곡동)	207호	영친왕(의민황태자)의 차남

조선의 대원군 묘 3기

구분	원호	존호	소재지	사적	비고
1	덕흥대원군 이초	제11대 중종의 서자로 제14대 선조의 생부	경기도 남양주시 별내면 덕송리 산5-13번지	경기도 기념물 제55호	덕흥대원군과 하동부대부인 정씨의 쌍묘
2	전계대원군 이광	은언군(사도세자의 서자)의 서자로 제25대 철종의 생부	경기도 포천군 포천시 선단동 산 11번지	포천시 향토 유적지 제1호	전계대원군과 정실 완양부대부인 최씨의 합장묘와 철종의 생모인 용성부대부인 염씨의 단묘
3	흥선대원군 이하응	남연군(사도세자의 서자인 은신군의 양자)의 아들로 제26대 고종의 생부	경기도 남양주시 화도읍 창현리 산22-2번지	경기도 기념물 제48호	흥선대원군과 여흥부대부인 민씨의 합장묘

태조의 4대조 왕릉 4기

구분	추존왕 · 왕후	능호	소재지	형식	관계
1	목조 효공왕후	덕릉 안릉	함경남도 신흥군 가평면 능리 함경북도 경흥에서 1410년(태종 10년) 천장함	동원상하릉	고조부 고조모
2	익조 정숙왕후 최씨	지릉 숙릉	함경남도 안변군 서곡면 능리 함경남도 문천군 문천면 능전리	단릉 단릉	증조부 증조모
3	도조 경순왕후 박씨	의릉 순릉	함경남도 흥남시 운남면 운흥리 함경남도 흥남시 마전리	단릉 단릉	조부 조모
4	환조 의혜왕후 최씨	정릉 화릉	함경남도 함흥시 귀주동	동원상하릉	부 모

조선왕릉 상설도

- 곡장曲墻 :봉분을 보호하기 위하여 봉분의 동, 서, 북 삼면에 둘러놓은 담장
- 능침陵寢 :능 주인이 잠들어 있는 곳, 능상陵上이라고도 한다.
- 병풍석屛風石 :봉분을 보호하기 위해 봉문 밑부분에 둘러 세운 열두 돌. 병풍석에는 12방위를 나타내는 십이지신상을 해당 방위에 맞게 양각하였는데, 모든 방위에서 침범하는 부정과 잡귀를 몰아내기 위하여 새겼다. 둘레돌, 호석護石이라고도 한다.
- 지대석址臺石 :병풍석의 면석을 받쳐 놓은 기초가 되는 돌
- 난간석欄干石 :봉분을 둘러싼 울타리 돌
- 상계上階 :능침과 혼유석, 석양, 석호, 망주석, 곡장이 있는 가장 위의 단으로 초계라고도 한다.
- 중계中階 :문석인과 석마나 장병등이 있는 중간단
- 하계下階 :무석인과 석마가 있는 아랫단
- 석양石羊 :죽은 이의 명복을 빌며 땅속의 사악한 기운을 물리친다는 뜻으로 설치했다.
- 석호石虎 :석양과 함께 능침을 수호하는 호랑이 모양의 수호신. 밖을 지켜보는 형태로 설치했다.
- 망주석望柱石 :봉분 좌우에 각 1주씩 세우는 기둥. 혼령이 봉분을 찾는 표지의 구실을 한다는 설과 음양의 조화, 풍수적 기능을 한다는 설 등 기능에 대해 여러 주장이 있다.
- 혼유석魂遊石 :일반인의 묘에는 상석이라 하여 제물을 차려 놓지만, 왕릉은 정자각에서 제를 올리므로 혼령이 앉아 쉬는 곳이다.
- 고석鼓石 :북 모양을 닮은 혼유석의 받침돌. 사악한 것을 경계하는 의미로 귀면鬼面을 새겨 놓았다.
- 장명등長明燈 :왕릉의 장생발복長生發福을 기원하는 등
- 문석인文石人 :장명등 좌우에 있으며 두 손으로 홀을 쥐고 서 있다.
- 무석인武石人 :문석인 아래에서 왕을 호위하고 있으며 두 손으로 장검을 짚고 위엄 있는 자세로 서 있다.
- 석마石馬 :문석인과 무석인은 각각 석마를 데리고 있다.
- 예감예坎 :제향 후 축문을 태우는 곳으로 석함, 망료위望燎位라고도 한다. 정자각 뒤 왼쪽에 있다.
- 산신석山神石 :장사 후 2년 동안 후토신(땅을 관장하는 신)에게 제사를 지내는 곳으로 정자각 뒤 오른쪽에 있다. 보통 예감과 마주 보는 곳에 자리하고 있다.
- 정자각丁字閣 :제향을 올리는 곳으로 정丁자 모양으로 지은 집. 정자각에 오를 때는 동쪽으로 오르고 내려올 때는 서쪽으로 내려오는데 이를 일러 동입서출東入西出이라 한다.
- 비각碑閣 :비석이나 신도비를 세워둔 곳. 신도비神道碑는 능 주인의 업적을 기록한 비석을 말한다.

- 참도參道:홍살문에서 정자각까지 이어진 길. 박석을 깔아 놓았으며 왼쪽의 약간 높은 길은 신이 다니는 길이라 하여 신도神道라고 하고, 오른쪽 약간 낮은 길은 임금이 다니는 길이라 하여 어도御道라고 한다.
- 수복방守僕房:능을 지키는 수복이 지내던 곳으로 정자각 오른쪽 앞에 있다.
- 수라간水喇間:제향 때 음식을 준비하는 곳으로 정자각 왼쪽 앞에 있다.
- 배위拜位:홍살문 옆 한 평 정도의 땅에 돌을 깔아 놓은 곳으로 왕이나 제관이 절을 하는 곳이다. 판위板位, 어배석御拜石, 망릉위望陵位라고도 한다.
- 홍살문紅薩門:신성한 지역임을 알리는 문. 붉은 칠을 한 둥근 기둥 2개를 세우고 위에는 살을 박아 놓았다. 홍문紅門 또는 홍전문紅箭門이라고도 한다.

참고문헌

《조선왕조실록》
《한권으로 읽는 조선왕조실록》 박영규, 들녘
《왕릉》 한국문원
《왕의 상징 어보》 국립고궁박물관
《종횡무진 한국사 상, 하》 남경태, 도서출판 그린비
《매천야록》 황현, 문학과지성사
《연려실기술》 이긍익 공편, 민족문화추진회
《자해필담》 김시양
《조선선비 살해사건》 이덕일, 다산초당
《여기자가 파헤친 조선 왕릉의 비밀》 한성희, 솔지미디어
《조선의 선비》 이준구·강호성, 스타북스
《신들의 정원 조선왕릉》 이정근, 책보세
《한국민족문화대백과사전》 한국학중앙연구원
《브리태니커 세계대백과사전》 브리태니커, 동아일보 공동출판, 한국브리태니커회사
《두산백과》 동아출판사
《사도세자의 고백》 이덕일, 휴머니스트
《여인열전》 이덕일, 김영사
《조선왕 독살사건》 이덕일, 다산초당
《五大古宮》 윤종순, 성민출판사
《한중록》 혜경궁 홍씨, 마당미디어
《조선 사람들의 개성여행》 채수 외/ 전관수, 지만지 고전천줄
《조선왕비 오백년사》 윤정란, 이가출판사
《왕을 낳은 후궁들》 최선경, 김영사
《145년 만의 귀환, 외규장각 의궤》 이수미 외/ 국립중앙박물관
《고궁의 보물》 장경희, 국립고궁박물관
〈조선왕계도〉 국립고궁박물관
〈조선왕릉 답사수첩〉 문화재청
《조선왕릉실록》 이규원, 글로세움

《조선 왕을 말하다》① 이덕일, 역사의 아침

《조선 왕을 말하다》② 이덕일, 역사의 아침

《역사에게 길을 묻다》 이덕일, 이학사

《왕이 못 된 세자들》 함규진, 김영사

《왕릉풍수와 조선의 역사》 장영훈, 대원미디어

《조선의 왕비》 윤정란, 차림

《국립고궁박물관 길잡이》 국립고궁박물관, (주)씨마스커뮤니케이

《사치하는 자는 장 100대에 처하라》 책으로 보는 TV 조선왕조실록 ① KBS 〈TV 조선왕조실록〉 제작팀,
가람기획

《전하! 뜻을 거두어 주소서》 책으로 보는 TV 조선왕조실록 ② KBS 〈TV조선왕조실록〉 제작팀, 가람기획

《조선의 성리학과 실학》 윤사순, 삼인

《단종애사》 이광수, 우신사

《계축일기》 이혜숙, 창비

《인현왕후전》 우응순 주해, 마당미디어

《요화 장희빈》 2 이준범, 민예사

《궁궐에 핀 비밀의 꽃 궁녀》 신명호, 시공사

《명성황후―최후의 새벽》 쓰노다 후사코, 조선일보사

《역사저널 그날》 KBS 역사저널 그날 제작팀, 민음사

《한국향토문화전자대전》 한국학중앙연구원

《조선을 뒤흔든 16인의 왕후들》 이수광, 다산북스

《왕에게 가다》 문화재청, 조선왕릉관리소

《하멜표류기》 H.하멜, 신복룡 역주, 집문당

《조선전》 뒤 알드, 신복룡 역주, 집문당

《조선 서해 탐사기》 B. 홀 지음, 신복룡, 정성자 역주, 집문당

《조선의 숨겨진 왕가이야기》 이순자, 평단

《조선의 왕비와 후궁》 고궁박물관

《의유당관북유람일기》 류준경 신구문화사

《조선의 왕비와 후궁》 고궁박물관

비운의 왕세자

ⓒ홍미숙, 2019

초판 1쇄 발행 2019년 11월 1일
초판 2쇄 발행 2019년 12월 9일

지은이 홍미숙
펴낸이 이경희

발행 글로세움
출판등록 제318-2003-00064호(2003.7.2)

주소 서울시 구로구 경인로 445(고척동)
전화 02-323-3694
팩스 070-8620-0740
메일 editor@gloseum.com
홈페이지 www.gloseum.com

ISBN 979-11-86578-79-7 03910

• 잘못된 책은 구입하신 서점이나 본사로 연락하시면 바꿔 드립니다.